RAPPORT

SUR

UNE MISSION SCIENTIFIQUE

DANS L'ASIE CENTRALE

ET LA SIBÉRIE

PAR

M. J. CHAFFANJON

Extrait des *Nouvelles Archives des Missions scientifiques*, t. IX

PARIS

IMPRIMERIE NATIONALE

M DCCC XCVIII

RAPPORT

SUR

UNE MISSION SCIENTIFIQUE

DANS L'ASIE CENTRALE

ET LA SIBÉRIE

RAPPORT

SUR

UNE MISSION SCIENTIFIQUE

DANS L'ASIE CENTRALE

ET LA SIBÉRIE

PAR

M. J. CHAFFANJON

(Extrait des *Nouvelles Archives des Missions scientifiques*, t. IX

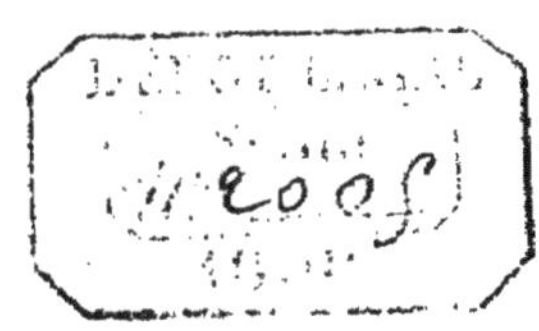

PARIS

IMPRIMERIE NATIONALE

M DCCC XCVIII

RAPPORT

SUR

UNE MISSION SCIENTIFIQUE

DANS L'ASIE CENTRALE

ET LA SIBÉRIE.

PREMIÈRE PARTIE.

LE TURKESTAN ET LA MONGOLIE SEPTENTRIONALE.

DE PARIS À OURGA
PAR LE TURKESTAN ET LA MONGOLIE.

En octobre 1894, je quittais la France pour accomplir la mission scientifique dont le but était d'explorer le Turkestan russe, les territoires du Baïkal et du fleuve Amour, d'y réunir des collections d'histoire naturelle destinées aux établissements de l'État et d'y poursuivre des recherches historiques et ethnographiques.

Les frais de cette importante expédition ont été faits par M. Lucien Mangini, ancien député du Rhône, et j'avais comme compagnons de route MM. Henri Mangini fils et Louis Gay.

Embarqués à Marseille, nous passons par Constantinople et nous arrivons à Batoum, un des ports russes les plus importants de la mer Noire. Le Caucase n'entrant pas dans notre programme d'études, nous le traversons en passant par Tiflis et nous nous embarquons de nouveau sur la mer Caspienne à Bakou, pour atterrir à Ozoun Ada, tête de ligne du chemin de fer transcaspien.

A Askhabad, le général Kouropatkine, gouverneur militaire de la Transcaspie, nous reçoit de la façon la plus aimable et fait mettre à la disposition de la mission un wagon qui pourra circuler sur toute la ligne et s'arrêter à tous les points qu'il nous plaira de visiter et d'explorer; en même temps, le général donne des ordres pour nous faciliter nos recherches et nos études.

A Baïram Ali, station du transcaspien, près les ruines de l'ancienne Merv, le colonel Kachtalinski nous offre la plus gracieuse hospitalité, puis vient lui-même nous faire visiter les ruines de Merv.

De cette antique cité, détruite et rasée par un des lieutenants de Genghis Khan, il ne reste plus que des pans de murailles en ruines, les traces d'un immense réservoir et la mosquée bâtie par le sultan Sandjar.

En dehors de la ville, les parties Nord et Ouest ont été très peuplées: le nombre considérable de maisons et de palais en ruines attestent de la richesse de cette région.

De nombreux et profonds canaux d'irrigation, aujourd'hui détruits et en partie comblés, témoignent des gigantesques travaux entrepris pour assurer la prospérité de l'agriculture.

Au Nord de Merv, à 4 kilomètres, avait été construite la ville de Baïram Ali qui a existé pendant plusieurs siècles, mais qui fut ruinée et détruite par un Khan de Boukhara, à la fin du siècle dernier.

Depuis la chute de cette forteresse, le pays a été abandonné et ce n'est que lors de l'occupation par les Russes que ces derniers ont entrepris de rendre à cette région agricole son ancienne splendeur et toute sa prospérité.

Des travaux considérables s'accomplissent depuis plusieurs années sous les ordres du général Kouropatkine et sous la direction du colonel Kachtal'nski, afin de capter les eaux du Mourgab, réparer les anciens canaux et ramener à Merv les eaux de ce fleuve qui vont se perdre dans les sables des déserts transcaspiens.

Les populations nomades et pillardes qui occupaient, il y a encore une vingtaine d'années, la Transcaspie sont aujourd'hui à peu près toutes sédentaires.

Cette transformation des Turkomans est due aux sages mesures prises par le général Kouropatkine, qui a su procurer à ces peuples, qui ne sont nomades que par misère, un bien-être qu'ils ne connaissaient pas : il leur a donné des terres et l'eau nécessaire à l'irrigation de leurs cultures; il en prépare d'autres à Merv et sur tous les points de la Transcaspie où les eaux sont utilisables et les terres cultivables; il leur a assuré en même temps la sécurité pour l'écoulement de leurs produits agricoles.

Avec le système de colonisation russe qui n'est autre que celui appliqué par les Romains, ces Turkomans ne sont pas seulement devenus des agriculteurs, mais ils sont aussi les défenseurs de leurs foyers et des frontières de leurs nouveaux maîtres.

C'est partout un concert ininterrompu de louanges, d'admiration et d'hommages à ce soldat colonisateur qui a fait de la Transcaspie, grâce à son initiative, l'une des colonies les plus riches de l'empire russe.

Nous visitons les ruines de Peikent, desquelles la forteresse seule surgit du milieu d'une mer de sable qui recouvre le reste de la ville.

Çà et là, des amas de débris de poteries mis à découvert momentanément par les vents qui charrient les sables, indiquent la grandeur et l'extension de la ville.

Dans la Boukharie, les populations qui sont dépendantes de l'Émir de Boukhara, voyant le bien-être des peuples soumis à l'action bienfaisante de la Russie, manifestent à chaque instant et même ouvertement l'espoir d'être soumis à l'administration directe du Tzar.

A Samarkande, les nombreux monuments de l'époque de Tamerlan donnent à cette ville un cachet tout spécial ; malheureusement, toutes ces merveilles de l'art asiatique sont appelées à disparaître, car la plupart de ces temples sont en ruines et le peu de soins qu'on a apporté à leur construction rendent les travaux de conservation très difficiles et sont même impossibles.

La ville d'Aphrociab, près des ruines de laquelle s'est élevée Samarkande, n'est plus qu'un amas de terres arides.

Les habitants de Samarkande rencontrent souvent, après les grandes pluies, une foule de menus objets que la terre délavée laisse à découvert : des poteries, des objets de bronze, d'argent, d'or, des monnaies, des bijoux, etc.

Ayant été autorisé à faire des fouilles sur l'emplacement d'Aphrociab, je procédais d'abord méthodiquement, mais les résultats furent si peu satisfaisants, que j'entrepris de faire des galeries un peu au hasard, espérant trouver un point favorable pour des fouilles réglées. Partout les mêmes caractères, partout les mêmes bouleversements me firent comprendre que cette ville avait été détruite et rebâtie plusieurs fois ; à chaque pas on rencontre trois et même quatre modes différents de construction ou super position. D'ailleurs, la diversité des objets qu'on y rencontre, leur style et leur origine montrent que des peuples divers et d'origines distinctes ont vécu à Aphrociab.

Les collections et pièces archéologiques recueillies à Peïkent, Merv, aux environs de Boukhara et Samarkande, provenant de vieilles mosquées en ruines et des fouilles d'Aphrociab, figurent aujourd'hui au Musée ethnographique asiatique (Musée Guimet).

De Tachkent, l'expédition part en avril 1895, en explorant les grandes steppes du Turkestan et en contournant les derniers contreforts des monts Célestes et la chaîne Alexandre III, en passant par Tschimkent et Aoulié Ata, centre religieux musulman très important et lieu d'un pélerinage célèbre. Une vieille mosquée en briques, avec des ornements en terre cuite, est soigneusement entretenue par des prêtres musulmans (mollas) qui sont en même temps les instituteurs des jeunes Sartes, Tatares ou Kirghiz.

De nombreux travaux d'irrigation se voient de toutes parts et, en approchant des montagnes, les profondes vallées sont aujourd'hui ou cultivées ou employées à l'élevage par les colons russes qui y ont établi de nombreux villages.

Comme les pâturages y sont excellents, le gouvernement russe a créé à Aoulié Ata un haras et un centre important pour la remonte de sa cavalerie et artillerie de l'Asie centrale.

En quittant Aoulié Ata, du côté des montagnes et près la station postale d'Akre-Tubé, on voit les importantes ruines d'une immense construction inachevée.

Les matériaux qui ont servi à l'édification de ce monument sont des grès rouges; çà et là, dans la steppe et aux pieds de la montagne, des blocs taillés, des anges en grès rouge ainsi que des fragments de chapiteaux ou de portiques ornés, dont quelques-uns achevés et la plupart ébauchés gisent éloignés les uns des autres sur les lieux mêmes où ils ont été préparés.

Les murailles de ce monument ont de solides fondations; leur épaisseur dans certaines parties est de plus de 2 mètres; leur élévation au-dessus du niveau du sol ne dépasse pas 3 mètres.

La porte principale est tournée au Nord et fait face à une autre de moindre importance de la face Sud; à l'Est et à l'Ouest, deux tours carrées ressortent du milieu des façades sans issues apparentes.

Les habitants de la région désignent ces ruines sous le nom d'Akretache et plusieurs légendes sont racontées à leur sujet :

Légende kirghize :

Dans les temps reculés vivait dans la steppe un géant connu sous le nom de Allan Kasar Alep. Ce géant qui était d'une force herculéenne avait un fils qui le surpassait comme force et comme adresse.

Voulant laisser au monde une preuve de leur puissance et de leur force, le père imagina le plan d'un palais gigantesque construit par eux mêmes avec d'énormes blocs de pierre que les simples mortels ne pourraient pas soulever.

Alep envoya son fils dans la montagne en lui ordonnant d'arracher les roches les plus dures et de lui lancer dans la plaine les plus gros blocs. Pendant ce temps il creusait les fondations, taillait les pierres et bâtissait lui seul le palais.

Avant de laisser partir son fils pour la montagne, Allan Kasar Alep lui avait recommandé de travailler sans relâche et de ne jamais regarder a gauche.

Au bout de quelque temps, le fils d'Alep qui travaillait avec ardeur et qui avait déja jeté une grande quantité de pierres se lassa d'un aussi dur travail et s'ennuya de sa solitude. Il oublia les recommandations de son père et regarda à gauche: une belle et jeune Kirghize lui apparut, il fut ébloui de tant de grâces et de charmes.

La belle lui ayant fait signe de venir auprès d'elle, il ne put résister à tant d'attraits, il abandonna son travail et s'enfuit avec elle loin des steppes où son père travaillait.

Les matériaux manquant au père, ce fut la cause qui empêcha l'achèvement du palais d'Akretache.

Une légende chinoise prétend que les fondations de cette construction ne sont autres que celles d'un immense caravansérail, sorte de bazar ou hôtellerie sur la route du Turkestan à la Chine.

Une autre légende chinoise attribue ces restes a un prince celebre qui avait voulu detourner les eaux de la rivière Talane pour fertiliser ses États.

Mais le Khan à qui appartenait le cours inférieur de la rivière, lui ayant déclaré la guerre, le battit et le força d'abandonner ses projets, et son palais resta inachevé.

Le district de Pichepek et la vallée du Tchou principalement étaient autrefois très peuplés. Des chrétiens nestoriens s'étaient établis dans la région, se livraient à l'agriculture et avaient construit une ville fortifiée entre Pichepek et Tokmak.

Les remparts de cette citadelle, quoique détruits depuis des siècles, sont encore très élevés et forment de véritables montagnes de terre: le plan de la ville représente une croix, ce qui l'a fait désigner par les Kirghiz du nom de Tchontorkoul, c'est-à-dire quatre grands courgans carrés.

De nombreuses tombes ont été fouillées dans les environs de la vieille citadelle et on en a retiré divers objets qui accompagnaient les restes humains et des galets ovoïdes sur lesquels sont gravées des inscriptions syriaques et une croix grecque en tête de l'épitaphe.

En remontant la vallée du Tchou qui est très profonde, on rencontre à quelques pas des traces de bouleversements dues à l'énorme volume d'eau et aux rapides courants qui ont creusé et modifié cette vallée.

Les eaux du Tchou ne sont pas fournies par le lac Issik-Koul, mais elles proviennent de la rivière Ourla Togoï qui apporte en même temps un certain volume d'eau au lac.

En arrivant dans la vallée de l'Issik-Koul, on est frappé par les dépôts énormes de galets et d'alluvion qui forment comme les rebords de la cuvette au fond de laquelle on aperçoit le lac.

Vers l'Ouest, c'est-à-dire à l'entrée de la vallée, ces dépôts ont été remaniés par le retrait des eaux du lac d'abord, les tempêtes et les dépôts accumulés par la rivière.

A Koutime Alde, près du point où la rivière Tchou prend le nom d'Ourla Togoï, qui vient de l'Ouest et du Sud, en arrière d'une première ceinture montagneuse qui borde la pointe Ouest du lac, les traces visibles des anciens bords de l'Issik-Koul se continuent jusqu'aux pieds de l'Altaï au Nord, mais sont très apparentes à l'Ouest et au Sud, à l'entrée de la vallée d'Ourla Togoï.

En suivant le bras qui apporte les eaux au lac, on retrouve dans les berges de la rivière la continuité des dépôts formés par le lac.

On peut donc conclure que c'est par l'abaissement du niveau du lac que l'écoulement de ses eaux ne peut plus se faire par le Tchou.

En effet, les observations qui ont été faites depuis trente ans, par le directeur d'un haras impérial de Koutime Aldé, observations vérifiées par le colonel Korolkof, chef de l'artillerie à Pjévalsk, démontrent que le niveau des eaux du lac s'abaisse tous les ans de 10 à 11 centimètres.

Or, la différence entre les niveaux du Tchou et du lac étant de 11 à 12 mètres, on peut facilement calculer, approximativement, l'époque à laquelle a cessé cette communication.

Depuis le dernier tremblement de terre qui a renversé Viernoïe en 1886 et qui a si profondément secoué le massif des monts Célestes, cet abaissement du niveau des eaux de l'Issik-Koul est de 13 à 14 centimètres, au lieu de 10 à 11.

Près de Tour Aïgir, quand les eaux sont tranquilles, on aperçoit au fond du lac, à 5 ou 6 mètres de profondeur, des constructions en briques cuites et, après chaque tempête, on retrouve sur les bords des fragments de poteries, des objets en fer, en bronze, etc.

Ces constructions englouties ont donné naissance à plusieurs légendes sur la formation de l'Issik-Koul.

La vallée autrefois très peuplée renfermait des villes riches, et un palais mystérieux avait été construit par le monarque qui régnait à cette époque.

Chaque matin, un jeune homme que le sort désignait était amené au palais pour amuser et servir le jeune fils du roi que personne n'avait jamais vu.

Tous ceux qui l'avaient servi étaient mis à mort, de peur qu'ils ne révélassent le mystère du palais.

Un jour, le fils d'une pauvre veuve fut désigné. Cette femme qui était infirme et condamnée à mourir de faim si son fils ne revenait pas, essaya de le sauver. Elle fit un pain avec le reste de sa farine et les dernières gouttes du lait qu'elle retira de ses seins, et le remettant à son fils, en pleurant, elle lui dit : « Voici un pain que j'ai fait avec mon lait : si tu peux en faire manger au prince, il ne pourra pas te faire mourir, car il sera ton frère. »

Le jeune homme fut conduit au palais, et pendant qu'il rasait et coiffait le prince, il raconta que sa mère faisait un pain excellent et proposa au fils du roi de le goûter et de le partager avec lui. Le prince accepta et tous deux mangèrent le pain de la veuve.

Se jetant ensuite aux pieds du jeune prince, il lui demanda grâce, lui raconta ce qu'avait fait sa mère et le supplia de ne pas faire mourir son frère de lait.

Le prince goûta le stratagème et fit jurer à son frère de lait qu'il ne révélerait jamais à personne ce qu'il avait vu, puis le renvoya auprès de sa mère.

Tout d'abord le jeune homme ne révéla rien, mais au bout de quelque temps son secret l'accabla et ne voulant le révéler à personne il s'enfuit au loin, et rencontrant au fond d'une vallée une source d'où coulait une onde pure, il se mit à lui raconter que le prince avait de longues oreilles d'âne et que, pour éviter que cette infirmité fût connue de ses sujets, il faisait mettre à mort tous ceux qui la connaissaient.

A peine eut-il achevé ces mots, que la fontaine se mit à bouillonner et à couler en si grande quantité, qu'en peu d'instants la vallée fut remplie, engloutissant les villes, le palais et les habitants.

Autre légende :

Autrefois vivait au fond de la vallée un saint homme qui possédait la clef d'une source mystérieuse.

Un jour qu'il était en prières, une jeune fille du voisinage vint lui demander de l'eau; ne voulant pas arrêter ses oraisons, il remit la clef à la jeune fille en lui recommandant de refermer la fontaine aussitôt qu'elle aurait pris l'eau nécessaire.

Pendant qu'elle paisait de l'eau, un jeune et beau cavalier s'approcha et lui demanda à boire. La jeune fille donna sa cruche et écouta les paroles d'amour que lui disait le jeune inconnu, oubliant de refermer la fontaine.

Bientôt les eaux se répandirent dans la vallée, atteignirent les amoureux qui essayaient en vain de refermer la fontaine, et comme les eaux montaient toujours, ils furent engloutis.

Les eaux de cette fontaine formèrent depuis cette époque le lac Issik-Koul.

Près du monastère de Woui Taï, à l'Est du lac, on rencontre

une série de blocs de granit de forme allongée, presque rectangulaire, sur lesquels sont gravés des traits de guerriers portant généralement un glaive d'une main et une coupe de l'autre.

Trois de ces statues sont à droite de la route, dans la steppe, à plus de 500 mètres; quatre autres, en partie brisées, se trouvent sur la route même; on a découvert au pied de la montagne sept autres fragments de statues, dont trois sont en partie enterrées.

Le lac Issik-Koul, dont le nom signifie eaux chaudes, est ainsi appelé parce que ses eaux ne gèlent jamais, même par les froids les plus rigoureux; son altitude est de 1,800 mètres et, à cette hauteur, le fond de la vallée est garanti des vents du Nord par la chaîne Altaï, dont la hauteur moyenne dépasse 3,000 mètres; le pic Talgar a plus de 4,800 mètres.

L'hiver, la température de ses eaux est relativement élevée; s'il y tombe un peu de neige, elle fond aussitôt.

C'est un centre important d'émigration des oiseaux du Nord: pendant l'hiver, des millions d'oiseaux peuplent ces solitudes. Pendant l'été, on y rencontre une faune très riche, de palmipèdes surtout; j'ai pu en recueillir une très belle collection.

L'expédition escalade l'Altaï par le chemin des pasteurs, circule sur des plateaux de 3,000 mètres, puis dépasse la vallée de Tchilik pour gagner les contreforts du Talgar qu'elle franchit à 3,307 mètres.

Je relève pendant cette traversée un grand nombre d'observations sur les effets du terrible tremblement de terre qui a disloqué le massif montagneux et détruit la ville de Viernoïe.

Plusieurs vallées ont été en partie comblées par les éboulis de montagne. De nombreuses crevasses, très profondes, et de notables affaissements du sol ont, dans certaines parties, modifié considérablement l'aspect de la région, surtout la vallée du Tchilik et sur le versant Nord de l'Altaï, du côté de Viernoïe, dans le bassin de l'Illi.

A Viernoïe, où nous arrivons le 26 mai, je termine l'organisation de la caravane.

Pendant notre séjour dans cette ville, j'ai eu la bonne fortune de faire la connaissance de MM. Gourdet et Pantoussof qui se sont occupés de faire des fouilles dans les cimetières nestoriens; ils ont bien voulu faire parvenir au Ministère de l'instruction publique une collection de crânes et de pierres tumulaires de ces anciennes populations.

Ces Nestoriens sont inconnus comme type de race: les vingt crânes que M. Gourdet a envoyés éclairciront la science sur cette question, en même temps que la traduction des inscriptions gravées sur les pierres tumulaires fourniront quelques renseignements intéressants sur ces populations disparues.

M. le général Ivanoff, gouverneur de Viernoïe, après m'avoir facilité mon voyage dans le Simériétché et m'avoir fourni une foule de renseignements officiels sur le développement du pays, la colonisation, m'avoir communiqué les séries d'obervations météorologiques faites sur quatre points du territoire, etc., donna de splendides fêtes militaires en l'honneur du passage de la mission française dont j'avais l'honneur d'être le chef.

En temps et lieu j'ai eu l'honneur de faire connaître à M. le Ministre de l'instruction publique le résumé de ces manifestations toutes sympathiques qui s'adressaient à la France.

Après quelques jours passés à Viernoïe, l'expédition gagne les bords de l'Illi. Cette rivière, très profonde et encaissée sur une grande partie de son cours, porte au Balchach un volume d'eau considérable, surtout à l'époque de la fonte des neiges.

La vallée de l'Illi, que nous remontons jusqu'à Djarkent, a été autrefois très peuplée; on y rencontre à chaque pas des restes de villes, de villages et de nombreux travaux d'irrigation qui démontrent que l'agriculture a été très florissante.

Pendant que l'on prépare les provisions de pain à Djarkent, je me rends à Kouldja, résidence d'un consul russe et des autorités chinoises auxquelles j'avais fait demander un laissez-passer pour me rendre de Kouldja à Ourga, à travers la Dzoungarie et la Mongolie.

Au bout de quelques jours d'attente, je reçois l'avis de M. Gérard, ambassadeur de France à Pékin, qu'un passeport m'est expédié à Ourga et que les autorités chinoises de la frontière faciliteront mon voyage à travers la Mongolie.

Aussitôt la caravane pénètre en Chine en passant par Gorgosse et se dirige vers les régions élevées du Saïram Nor, s'intalle au bord du lac, chasse et récolte des plantes dans les environs.

Pendant ce temps je suis à Kouldja, parlementant et attendant le bon vouloir des autorités locales qui, tous les jours, trouvent de nouveaux prétextes pour me refuser le laissez-passer qui m'était nécessaire.

A bout d'arguments, le Daotaï de Kouldja veut voir le passe-port qui m'est expédié à Ourga pour me délivrer le permis qu'il a ordre de me fournir.

Devant la mauvaise volonté évidente de ce chef chinois, je passe outre; je le fais prévenir par mon interprète que je partais sans passeport et que je suivrai l'itinéraire que je m'étais tracé à travers la Dzoungarie et la Mongolie et que je le rendais responsable de ce qui pourrait arriver de désagréable à la caravane que je rejoins le 23 juillet, après avoir perdu près d'un mois en pourparlers oiseux.

Il faut se hâter, car nous voulons rapporter un herbier des régions désertiques et de la chaîne de l'Altaï; la saison s'avance, la végétation sera vite brûlée par le soleil du Gobi et la distance à franchir entre Kouldja et Ourga est considérable.

Les Chinois nous laissent tranquilles et nous suivons notre route sans difficultés.

Du Saïram Nor (2,120 mètres), des bords duquel l'expédition a recueilli une belle collection de bouquetins, de moufflons, ainsi qu'un herbier assez important, je gagne la vallée de Boro-tala qui conduit au lac Ebi Nor (320 mètres).

Le lac Ebi Nor est situé au fond d'une vallée profonde, formée par une faille qui a coupé une des ramifications des monts Célestes à peu près perpendiculairement et dans une direction Nord-Ouest-Sud-Est.

Le fond de cette vallée est occupé par l'Ebi Nor en Chine et l'Ala Koul en Russie.

Les bords latéraux de cette faille sont très relevés; l'Altaï de Kapal, à l'Ouest, a des points à proximité de cette dépression du sol dépassant 1,800 mètres, tandis que la partie Est, dite *chaîne de Barlik*, possède des pics de plus de 2,600 mètres.

Cette faille semble être une porte par où s'est échappée la plus grande partie des eaux de la mer Gobique, car c'est la partie la plus basse des chaînes de montagne Sud-Ouest et Nord qui a formé, après les soulèvements altaïques, une digue aux eaux de cette mer intérieure.

Les amas considérables de galets roulés, de dépôts sédimentaires

M. Chaffanjon.

qui se trouvent sur les plateaux latéraux de ces massifs montagneux sont la preuve de ce grand phénomène hydraulique.

Après la traversée des monts Barlik, nous gagnons la vallée de Tarbagataï en débouchant vers la rivière Koun.

Cette rivière, qui prend sa source dans le lac et les marécages de Konour, me fournit l'occasion d'observer le curieux phénomène de perdition de rivière dans les sables.

En sortant des marécages, le Koun a un volume d'eau assez considérable qui se grossit encore par les eaux de plusieurs ruisseaux; il coule d'abord au milieu de terrains compacts, plutôt argileux, mais, au point où la vallée s'élargit, le sol se modifie et devient sablonneux.

La rivière se divise en plusieurs bras et s'étend sur un sol plat; la largeur de son lit atteint quelquefois 100 mètres; les eaux coulent par nappes, puis par filets et enfin disparaissent dans un véritable delta formé dans les sables.

Le 3 août, après une marche pénible à travers les steppes sèches et brûlantes, envahies par des nuées de sauterelles, je fais dresser le campement près d'un bras du Koun où coule un léger filet d'eau. En creusant un trou assez profond, nous trouvons suffisamment d'eau pour abreuver tous nos animaux.

Vers 9 heures du soir, pendant que j'étais occupé à faire une observation (hauteur de lune), un bruit assez singulier, et qui augmentait, frappa mes oreilles. Ce bruit était occasionné par l'eau de la rivière qui grossissait, et bientôt le bras près duquel nous étions campés coulait à plein bord.

On aurait pu croire à quelque ouragan ou pluie torrentielle, mais le ciel était si pur, que ce phénomène devait être attribué à d'autres raisons.

En effet, deux causes sont en jeu : l'infiltration et l'évaporation.

Les infiltrations se produisent jour et nuit à travers les sables des steppes, mais, pendant la journée, au moment des fortes chaleurs, cette filtration augmente dans de notables proportions.

Les eaux répandues par nappes et par filets offrent un champ d'évaporation si considérable, qu'en quelques heures, l'infiltration aidant, les eaux ne coulent plus et le lit de la rivière se dessèche.

Pendant la fonte des neiges, mai et juin, le Koun porte ses eaux à l'Ouchète, mais, aux mois de juillet et d'août, son cours s'arrête à 40 kilomètres environ de sa confluence et ne coule sur une distance de 5 à 6 kilomètres que pendant la nuit, de huit à neuf heures du soir, jusqu'au lendemain onze heures ou midi.

De midi à neuf heures du soir, l'eau cesse de couler et la perte de la rivière est reculée de 5 à 6 kilomètres.

En pénétrant dans la vallée de la rivière Kara Emil, formant le grand plateau du Tarbagataï, nous rencontrons sur la gauche de la route une série de huttes, abris contre les vents qui soufflent parfois dans ces steppes.

Les vents sont quelquefois si forts, qu'un homme à cheval a peine à se tenir et que les caravanes ne peuvent marcher; les chameaux se couchent, malgré les efforts des chameliers.

Cette route conduit à Tchougoutchak et à Dourbouldjine.

Après avoir traversé la vallée du Koun et le plateau de Tarbagataï, j'arrive à Tchougoutchak où les autorités chinoises qui avaient été prévenues me font le meilleur accueil.

Sur la demande de M. Bornemam, consul russe, le Daotaï me proposa aussitôt le laissez-passer qu'on m'avait refusé à Kouldja et envoie un express auprès du djendjune de Dourbouldjine faire apposer le sceau du gouvernement sur mes passeports. En même temps, un officier chinois et un sous-officier sont attachés à la mission comme guides, avec la recommandation formelle d'exécuter mes ordres, de me fournir tous les renseignements qui me seraient nécessaires, de faciliter mon voyage et mes relations avec les populations mongoles.

A partir de ce moment, une grande partie des difficultés que l'on rencontre dans les régions désertiques sont supprimées. Dans les contrées boisées, on a toujours du combustible pour faire cuire ses aliments, mais, dans les déserts et les steppes mongoliques surtout, on ne connaît que l'argale ou crottin desséché.

Nos guides ont pour mission non seulement de nous conduire, mais de pourvoir la caravane du combustible nécessaire.

Débarrassés de toutes ces préoccupations, nous nous donnons tout entier aux recherches et aux études zoologiques, botaniques, géographiques, etc.

Après le passage de la chaîne de Tarbagataï, l'expédition arrive dans les déserts de Bouloun Tokoï, sur la rive gauche de l'Irtich Noir, en faisant une ample moisson de plantes désertiques.

Le lac Oulioun Gour est séparé de l'Irtich par la chaîne de

montagnes Narin Kara, et une série de collines de sable et de galets continue cette chaîne à plus de 3o kilomètres à l'Est du lac.

Sur la rive gauche de l'Irtich, à l'Est et au Sud du lac Oulioun Gour, d'immenses déserts sablonneux s'étendent à l'horizon, une maigre végétation et quelques bouquets d'arbres de saxahouls (arbustes des déserts asiatiques) nourrissent et cachent des antilopes saïga, des chevaux sauvages (*equus prjevalskii*) et quelques chameaux sauvages.

Le cheval sauvage que j'ai vu d'assez près est appelé par les Kalmouks et les Kirghiz du nom de « sourtaké »; il vit par bandes de 8 à 1o et de 15 quelquefois; il se tient éloigné du kiang ou onagre qui lui, au contraire, vit par bandes nombreuses.

Le sourtaké ou cheval sauvage est de petite taille; il a la tête grosse, le col et le corps courts et une forte encolure; la robe est baie claire, la crinière de longueur moyenne, la queue longue et très fournie, des zébrures brunâtres aux jointures des pattes et une raie de même couleur, de 4 à 5 centimètres sur le dos, joint la crinière à la queue.

En parcourant ces déserts en compagnie d'un chasseur métis de Kirghiz et de Kalmouk qui, l'hiver précédent, avait chassé ces mêmes animaux au Nord du lac Oulioun Gour dans les saxahouls abrités des vents du Nord par les monts Narin Kara, j'eus la bonne fortune de rencontrer un assez grand nombre de squelettes de chevaux sauvages. La plupart étaient brisés et très friables; cependant j'ai pu me procurer et rapporter quatre crânes : deux jeunes et deux adultes, avec une partie du squelette, une patte de devant et une de derrière.

Aux dires de mon chasseur, il existe au milieu des déserts de Boulioun Tokoï, dans la région Ouest du Gobi, sur la rive gauche de l'Ouroungui, des chameaux sauvages que les Kirghiz vont chasser l'hiver, car, à cette saison, ces animaux s'approchent du lac Oulioun Gour et on les rencontre fréquemment à l'embouchure de l'Ourounghi qui apporte ses eaux au lac.

Dans les bas-fonds argileux qui se trouvent aux bords du lac et dans la steppe, j'ai pu voir des traces de ces chameaux dans les argiles desséchées, ainsi qu'une grande quantité d'excréments.

Pendant l'été, ces animaux se retirent dans les déserts, au milieu des sables; ils sont chassés des bords de l'Oulioun Gour par des nuées de taons et de mouches de toutes sortes; ils parcourent des distances considérables et il est impossible de les chasser l'été, à moins que le hasard favorise le chasseur ou qu'on emploie une grande quantité d'hommes et de chameaux et de passer des semaines ou des mois quelquefois sans résultat.

Les Kirghiz et les Kalmouks ne les recherchent pas dans les déserts : ils les attendent, l'hiver, sur les bords et à l'embouchure de l'Ourounghi. Ils prétendent que sa chair est plus succulente que celle du cheval, du bœuf et même du mouton.

Nos chameaux et nos chevaux s'étant reposés et un peu refaits dans les riches prairies de la rive droite de l'Irtich, j'entreprends le passage de l'Altaï.

Les guides que m'avaient donnés les autorités chinoises de Dourbouldjine connaissaient un sentier par Toulta, et comme on avait des chances de rencontrer encore quelques pasteurs kalmouks, je résolus d'accomplir la traversée de l'Altaï par le Nord.

A partir de Toulta, ancienne ville mongole détruite par les Doungans, mais où il existe encore quelques agriculteurs chinois, la route de l'Altaï est des plus difficiles et des plus pénibles.

Il nous faut escalader sept arêtes montagneuses dans les neiges, au milieu de rochers et de pierres éboulées.

Dans certaines parties, ce sont de véritables escaliers qu'il faut faire gravir à nos chameaux qu'on mène un à un ; d'autrefois, des pentes si rapides à descendre, qu'il nous faut décharger et recharger nos chameaux à chaque instant ; dans les fonds de vallée, des marais boueux et nauséabonds à traverser. Nos chameaux souffrent de marcher tantôt sur des pierres anguleuses, tantôt sur des parties sèches, puis tout à coup de patauger pendant des heures entières dans les marécages pour marcher de nouveau sur des pierres anguleuses, sur des galets qui roulent sous leurs pieds et les blessent.

Après la traversée du col Ourmotzaïtou (3,155 mètres) où nous rencontrons de grandes quantités de neige, nous pénétrons dans le bassin des lacs intérieurs.

Au bas du col (2,300 mètres), le lac Daïn Gol occupe à peine la moitié de l'emplacement de son ancien lit.

Ces lacs, quoique plus élevés que ceux que l'on rencontre dans les provinces Sud de la Russie d'Asie, sont sujets au même phénomène de retrait. Depuis de longues années, le niveau de la plupart des lacs asiatiques baisse tous les ans. Le Daïn Gol, quoique alimenté par la fonte des neiges, n'en suit pas moins la loi commune.

Après avoir dépassé le lac Daïn Gol, nous remontons une vallée étroite et profonde qui nous conduit au lac Koroum.

Sur le versant Nord de cette vallée, une chaîne de montagnes s'élève à pic et forme comme une muraille inaccessible au pied de laquelle coule un petit ruisseau.

Par suite d'un phénomène d'érosion assez particulier, cette chaîne de montagnes a été renversée récemment pour livrer passage aux eaux d'un lac.

Sur une distance de plus de 10 kilomètres, d'énormes amas de boue, de schistes et de blocs de roches amphiboliques ont été entraînés et forment de véritables culées.

A 15 kilomètres environ du lac Daïn Gol, je me trouve en face d'une énorme et profonde brèche faite dans la montagne.

En arrière de la partie enlevée, une autre vallée en forme de V avait son angle appliqué contre cette chaîne de montagnes, et un lac assez grand et profond s'était formé en arrière. Les eaux de ce lac ont miné le sol et désagrégé la montagne tout entière, qui était composée en grande partie de schistes très friables, pénétrés par des filons de roches amphiboliques.

Ces filons perpendiculaires au travers de l'axe de la montagne ont facilité les infiltrations et n'ont pu consolider la masse schisteuse.

A la suite de grandes pluies, la masse des eaux trop considérable a emporté ce barrage qui n'était autre que la montagne elle-même, et a formé une brèche de plus de 300 mètres de largeur.

Un profond ravinement s'est produit et la masse rocheuse qui a été emportée correspond précisément au fond de l'ancien lac fermé, cause de ce phénomène hydraulique.

Sur l'emplacement même de la montagne enlevée, deux petits lacs se sont formés et alimentent le ruisseau que nous remontons depuis le Daïn Gol et dont une ramification nous conduit jusqu'au lac Koroum.

Le Koroum (2,810 mètres) est un petit lac dont les eaux très claires sont fournies par un glacier établi dans l'anfractuosité de deux massifs montagneux qui forment un cirque autour du lac.

Ce glacier présente une coupe triangulaire de 150 mètres de hauteur sur plus de 300 mètres de large à la partie supérieure.

En faisant l'ascension du pic oriental (3,554 mètres), je reconnais le glacier dont la profondeur dépasse un kilomètre.

Un plateau à cette altitude de plusieurs kilomètres d'étendue et recouvert d'une épaisse couche de neige est comme le prolongement du glacier.

Le passage du massif principal de l'Altaï est terminé, mais il reste un dernier échelon à gravir, c'est la chaîne qui possède le pic et le glacier de Tereckti, plus élevé et plus difficile que les autres pics que nous avons déjà franchis.

Arrivés près du col et au pied du glacier (2,930 mètres), nous sommes surpris par un ouragan et une tourmente de neige; les animaux ne peuvent et ne veulent plus avancer; je fais dresser le campement à l'abri de quelques roches. On déblaye la neige pour établir la tente et tout autour on dresse un mur de neige pour nous garantir du vent; nous employons plus de deux heures pour faire du feu et du thé pour nous réchauffer.

Toute la nuit, le vent fait rage, balaye la neige et l'accumule en arrière des rochers.

Le lendemain matin 20 septembre, le temps est plus calme, les chameaux qui sont attachés autour des tentes sont à moitié ensevelis sous la neige, les chevaux se sont dispersés au fond des gorges abritées du vent, d'épais brouillards ont envahi la montagne.

Après plusieurs heures de recherches, les animaux sont tous réunis; on procède au chargement des bagages et on continue la route en s'acheminant vers le col. La caravane monte lentement, car il faut chercher la route cachée sous la neige fraîchement tombée et au milieu de brouillards tellement épais, qu'un cavalier peut voir à peine son compagnon qui marche devant lui.

Enfin les nuages se dissipent en arrivant au col (3,376^m); nous voyons les brouillards sous nos pieds dans la vallée roulant comme une mer d'écume, tandis que, sur nos têtes, un soleil radieux nous fait vite oublier les peines et les fatigues de la veille et du matin.

Le col est encombré d'énormes blocs de pierre également recouverts de neige, et il faut chercher sa route. La caravane traverse le col et descend le flanc opposé de la montagne, circulant à travers des blocs de rochers apportés là par une ancienne morène de Tereckti.

La vallée par laquelle nous descendons est un ancien glacier; les flancs des montagnes ont de nombreuses et profondes traces de rayures faites par les roches et les glaces; puis nous pénétrons entre deux morènes latérales où coule un torrent impétueux provenant du glacier et qui nous conduit ainsi, sur une distance de près de 17 kilomètres, jusqu'à la rivière et la vallée du Touantou.

Là, une puissante morène frontale adossée aux flancs de la montagne forme le versant Sud du Touantou.

Cette morène contient des blocs ératiques énormes, des galets volumineux apportés par les glaces des sommets et des pointes latérales du Tereckti.

L'expédition continue sa marche en descendant une petite vallée latérale au Nord du Touantou, puis arrive le 22 septembre à Kobdo.

Le meilleur accueil est fait à la mission française par l'agent consulaire russe, M. Assanoff, puis par les autorités chinoises qui nous fournissent aussitôt deux nouveaux guides pour continuer notre route.

Les chameaux sont tous hors de service; ils ont d'énormes plaies aux pieds, qui leur empêchent des marches régulières.

En passant près du lac Tal Nor, ayant eu la bonne fortune de rencontrer des pasteurs kalmouks, j'ai pu échanger un de nos chameaux blessés qui ne pouvait plus marcher contre huit moutons; j'étais décidé d'abandonner l'animal, car il était dans l'impossibilité d'arriver jusqu'à Kobdo.

Grâce au concours de l'agent commercial russe, j'ai pu céder vingt chameaux qui restaient pour un prix à peu près raisonnable et louer une autre caravane de chameaux pour transporter nos bagages et nos collections jusqu'à Ouliaçoutaï.

La ville de Kobdo est composée de deux parties distinctes : 1° la ville chinoise contenant le quartier commercial et la forteresse, résidence des autorités chinoises et de quelques troupes. La ville chinoise est, comme toutes celles de l'Empire, entourée d'une muraille en terre battue avec des fossés tout autour :

2° La ville mongole qui n'est qu'une agglomération de tentes ou yourtes en feutre, établie aux bords du Touantou et en dehors des murailles.

Dans la ville fortifiée sont établis les banquiers, commerçants chinois ainsi que la colonie russe.

Les premiers, étant les maîtres du sol, obligent la plupart des Mongols à acheter leurs marchandises et à leur vendre leurs troupeaux qu'ils expédient en Chine.

Ils leur font des avances quelquefois considérables, dont ils retirent toujours de très gros bénéfices.

Les marchandises comme les avances sont vendues ou faites pour une année.

En échange de leurs marchandises, ils reçoivent un nombre déterminé de chevaux, de bœufs ou de moutons.

Au moment de la remise des troupeaux, il arrive souvent que le débiteur ne peut satisfaire son banquier; alors ce dernier, sachant très bien à qui il a affaire, n'exige pas le remboursement, mais se contente de multiplier par deux, trois, quatre ou même cinq le nombre de têtes d'animaux qui manquent et qui seront remises l'année suivante.

De cette façon, les Mongols sont toujours endettés et à la merci des Chinois.

C'est dans le courant de septembre que les règlements ont lieu et que les troupeaux sont expédiés par petites journées à travers le Gobi, jusqu'à Khouktou Khoto, en dehors des murailles de la Chine, un des marchés les plus importants de tout l'empire chinois.

Les Russes, qui ont établi des comptoirs à Kobdo, ne font que peu d'avances aux Mongols. Ils se contentent de leur acheter des laines de moutons et de chameaux, des cuirs, des fourrures qu'ils payent généralement en marchandises russes ou avec du thé.

Dans le cas où ils font des avances, ils ne réclament qu'un intérêt raisonnable qui contraste avec les exigences chinoises.

Aussi le nom de Russe est-il aimé et respecté par tous les Mongols qui espèrent que leur salut viendra de l'Occident; une prophétie leur assure l'arrivée de Timour Sana, le futur libérateur des Mongols.

Par ces manières loyales et honnêtes de traiter les affaires, les sujets du Tzar blanc font de la bonne et saine civilisation, leur influence grandit tous les jours au détriment de la domination chinoise qui est supportée et non acceptée.

Dans les montagnes de l'Altaï que nous venons de traverser, on rencontre une grande quantité de bouquetins; les moufflons ou argalis y sont très nombreux; ils se réunissent, l'hiver, dans les vallées les plus chaudes et les moins neigeuses. Les Mongols et les Kirghiz, qui connaissent leurs habitudes, et qui eux aussi choisissent les vallées chaudes pour y garder leurs troupeaux, les chassent l'hiver en se cachant dans des trous de neige et en tuent de grandes quantités.

Les têtes de ces animaux, armées d'énormes et pesantes cornes, sont coupées sur place et abandonnées aux renards et aux loups.

Dans la vallée qui conduit au Daïn Gol, j'ai vu des centaines de crânes d'argalis qui jonchaient le sol.

Il existe encore dans ces montagnes quelques espèces d'antilopes, des marmottes, quelques lièvres, une grande quantité de renards et peu de loups; les ours y sont assez nombreux. Une petite panthère, probablement *Felix hirbis* (panthère blanche), se rencontre quelquefois dans ces solitudes jusqu'à la hauteur des glaciers.

Les espèces d'oiseaux y sont peu nombreuses; cependant les perdrix abondent et, auprès des neiges, j'ai pu en recueillir plusieurs espèces.

Les plateaux de la Mongolie septentrionale, qui étaient autrefois un fond de mer intérieure, contiennent encore des lacs salés très importants et au milieu desquels vivent de véritables bandes de cygnes, d'oies, de canards et d'échassiers de toutes espèces, qui émigrent dans le Sud aussitôt que les froids se font sentir.

Ces lacs occupent les parties les plus basses du bassin intérieur; ils sont alimentés par des rivières d'eau douce et renferment une faune ichtiologique dont j'ai pu recueillir quelques spécimens.

La pêche dans ces lacs et dans ces rivières demande des embarcations et de grands filets, mais la région est absolument dépourvue de bois, et les habitants ne mangent pas le poisson.

Dans les grandes steppes ondulées de la Mongolie septentrionale, un des caractères géologiques du bassin intérieur, on rencontre de grands troupeaux d'antilopes saïga et girane, ainsi que quelques bouquetins porte-musc. En approchant du côté de la frontière russe, au Nord, les régions se boisent et le gibier augmente.

La même faune et la même flore se rencontrent jusque dans la Mongolie orientale au pied des Khinghans.

Les populations qui vivent dans le gouvernement de Kobdo sont : 1° les Kirghiz; 2° les Mongols qui sont généralement désignés du nom de Kalmouks et qui appartiennent à un certain nombre de familles distinctes les unes des autres. Elles habitent des régions qu'elles considèrent un peu comme leur vraie patrie et leur propriété; elles ont aussi des mœurs et des coutumes un peu différentes; l'on voit rarement un membre d'une de ces familles s'allier ou entrer dans une autre.

Dans la partie Ouest de ce gouvernement et au Sud de l'Altaï jusqu'à l'Irtich, vivent les Kirghiz chinois; les mêmes se rencontrent en Russie, dans la Dzoungarie et jusqu'au Tibet.

Dans la chaîne de l'Altaï près des frontières russes, les Ourankaïtes altaïques y vivent en grand nombre; au Sud-Est, les sources de l'Ourounghi, dans l'Altaï jusqu'au désert de Gobi, sont occupées par les Torgoutes ou Torgooutes: à Kobdo et aux environs sont les Olliètes; dans le Sud, entre les territoires occupés par les Ourankaïtes et les Torgooutes, vivent les Tzakatzines et, à l'Ouest de Kobdo, les Taratzines et les Minghites.

Le bassin des lacs Oubça Nor et Kirghiz Nor est occupé en partie par les Dourbètes qui pénètrent dans les contreforts orientaux de l'Altaï russe: sur les bords Est du lac Oubça Nor et sur la rive gauche de la rivière Tèce vivent les Baïthes et les Soïotes; au Nord, dans le bassin supérieur du Ienisséï, une autre famille d'Ourankaïtes du Ienisséï, beaucoup plus nombreuse que les autres, s'étend sur tout le Nord de la frontière chinoise jusqu'au Sud du lac Baïkal; enfin les Khalkas occupent non seulement toute la partie orientale du gouvernement de Kobdo, mais ils peuplent ceux d'Oulacoutaï, d'Ourga jusqu'au pied des Kinghans, dans la Mongolie orientale qu'ils partagent avec les Tchipitchines, les Solons et les Bouriates.

Les Kirghiz qui vivent à l'Ouest de la chaîne de l'Altaï sont nomades et pasteurs; un très petit nombre se livrent à l'agriculture, encore est-ce accidentellement; ils sont tous musulmans et pratiquent leur religion sans fanatisme.

Les Mongols sont, comme les Kirghiz, pasteurs et nomades, doux et très hospitaliers. Ils sont bouddhistes, mais les uns sont chamanistes et les autres lamaïques; c'est surtout chez les Soïotes, les Baïthes et les Ourankaïtes du Ienisséï que les chamanistes sont les plus nombreux.

De Kobdo, l'expédition contourne au Nord les lacs Ikçara Nor et Dourga Nor.

Après le passage des monts Argalantou qui forment le rebord Sud du petit bassin du Kirghiz Nor, on rencontre à chaque instant de profondes cuvettes semblant formées par des affaissements du sol, toujours circulaires ou ovoïdes et présentant quelquefois des étendues considérables.

Les Mongols taratzines, qui vivent sur les bords de ces lacs et des rivières Dzankine et Koungouï, s'adonnent à l'élevage des moutons et surtout des chameaux et des dromadaires.

Les chameaux de ces régions sont plus petits que ceux du Turkestan, mais ils résistent mieux aux températures extrêmes que leurs congénères du Sud de l'Altaï.

En approchant d'Ouliaçoutaï, les pâturages deviennent plus riches et le nombre des habitants augmente dans de notables proportions.

Les populations mongoles des environs d'Ouliaçoutaï appartiennent à la grande famille des Khalkas, la plus puissante de toutes et qui occupe plus des trois quarts de la surface de la Mongolie. C'est la seule famille mongole qui ait conservé ses princes et ses nobles; la plupart d'entre eux vivent à Ouliaçoutaï ou dans les environs; leur influence sur leurs compatriotes est très grande; leur fortune se compose surtout d'innombrables troupeaux de chevaux et de moutons.

Le gouvernement chinois a investi plusieurs princes mongols du titre de gouverneur, sous le nom d'Ambo-Mongol.

Ces administrateurs sont chargés de toutes les questions pendantes entre les Mongols, seulement pour les affaires commerciales et civiles; quant aux affaires criminelles, le gouvernement chinois se réserve de les juger et accepte l'Ambo-Mongol comme adjoint dans la juridiction criminelle.

Ouliaçoutaï est une ville mongole dont le caractère ne rappelle en rien celui des villes chinoises.

D'abord la ville est ouverte, puis les rues très irrégulières sont bordées de hautes clôtures en troncs d'arbres disposés et plantés en terre à côté les uns des autres. Ces clôtures ont environ 4 mètres, sinon 5 mètres de hauteur.

Dans chaque enclos, une ou plusieurs tentes sont dressées; c'est là que vivent les plus pauvres Mongols, comme les plus riches éleveurs, les nobles, même les princes, et qu'ils y passent les hivers les plus rigoureux, ainsi que les étés les plus chauds. D'ailleurs, la tente ou yourte mongole, faite en feutre épais, est l'habitation la plus pratique et la plus commode pour ces populations nomades; elle est fraîche l'été, et en y mettant double feutre pour l'hiver et en y entretenant un peu de feu de bois ou d'argale (crottins desséchés), il y fait très chaud.

Deux rues assez régulières existent à Ouliaçoutaï; elles sont bordées de maisons en terre et sont occupées par les commerçants chinois et russes.

A 2 kilomètres à l'Est d'Ouliaçoutaï s'élève la ville chinoise, une forteresse où résident les autorités et les troupes chinoises.

A égale distance de ces deux villes, sur un plateau au pied de la montagne, s'élèvent le palais du prince Ambo-Mongol, quelques constructions en bois, avec une salle de réception et des dépendances pour y loger les secrétaires et les archives, le tout précédé de murailles protectrices et de portes, signes de l'autorité.

En arrière, dans un enclos de troncs d'arbres très élevés, les yourtes où vit la famille de l'Ambo-Mongol.

En arrivant à Ouliaçoutaï, les autorités chinoises : le Djendjune, sorte de vice-roi de la Mongolie, et le Daotaï, préfet civil, prévenus de notre arrivée, nous offrent les dépendances d'une pagode pour déposer nos bagages et nos collections, et une chambre, plus confortable que notre tente de voyage, réservée aux passagers de distinction, nous y a été préparée.

L'agent consulaire et commercial russe qui habite la ville depuis de longues années me fournit des renseignements très utiles sur la région et sur les populations qui l'habitent, sur les affaires commerciales et sur l'avenir de la Mongolie tout entière.

Grâce à son obligeance, je peux me procurer un nouveau chamelier qui s'engage à transporter nos bagages et nos collections jusqu'à Ourga.

Nos chevaux, qui viennent de Tachkent ou de Viernoïe, sont si maigres, qu'il ne faut plus compter sur eux pour nous transporter à Ourga. Ces animaux, habitués à manger de l'orge ou de l'avoine, ont souffert beaucoup de la simple nourriture de la steppe, car nos provisions sont épuisées depuis longtemps et il a été impossible de s'en procurer dans les villes de Kobdo et Ouliaçoutaï.

M. Vassinief, l'agent consulaire, nous facilite la vente de ces animaux devenus inutiles et nous procure d'autres montures qui nous conduiront jusqu'à Ourga.

Près de la pagode où nous sommes logés, au Nord de la ville et au pied de la montagne, se trouve un temple dit « la pagode des morts »; c'est là que les Chinois décédés en Mongolie sont placés dans des cercueils à forme spéciale, sous des hangars, en attendant d'être transportés en Chine.

En arrière de ce temple, dans une petite gorge de la montagne, les Mongols ont établi leur cimetière.

Ce cimetière n'est autre qu'une sorte de charnier où l'on dépose les morts sur le sol; aussitôt les chiens de la ville, les corbeaux, les pies, quelques aigles, se précipitent sur le cadavre et en peu de temps il ne reste que le crâne et quelques fragments d'os.

Le Mongol admet la transmission des âmes; le cadavre de son père ou de son enfant ne lui inspire aucune pitié; plus vite le cadavre est dévoré, plus il est satisfait, car il est convaincu que l'âme du mort est agréable à Bouddha.

Les autorités chinoises avec lesquelles j'ai eu les meilleurs rapports me donnent deux nouveaux officiers et des ordres spéciaux pour prendre des guides en route et me conduire à Kara Koroum et me montrer certaines ruines qui ne sont connues que de quelques Mongols.

En quittant Ouliaçoutaï, je prends une route qui n'est pas fréquentée par les caravanes et qui n'est pas indiquée sur les cartes; elle est la meilleure, dit-on, et pénètre dans le bassin de la Selenga par le Nord.

La route remonte au Nord et suit la vallée du Dzaguistaï, puis pénètre dans les montagnes, passe le col du même nom et arrive dans le bassin de l'Eder, affluent de la Selenga.

Les forêts qui avaient disparu depuis l'Altaï se rencontrent de nouveau sur les flancs Nord des montagnes des environs de Ouliacoutaï. Le même phénomène de végétation arborescente que j'avais remarqué sur les frontières de l'Afghanistan, au Turkestan et dans la Sibérie méridionale se renouvelle ici; les flancs des montagnes exposés au Nord, seuls, sont couverts d'arbres.

Dans le bassin de l'Eder et de la Selenga, je vois quelques forêts sur certaines montagnes s'étendant sur une partie des versants Ouest et Est, mais les versants Sud sont toujours arides et à peine couverts d'une légère végétation herbacée.

La vallée de l'Eder est riche en excellents pâturages; elle n'est habitée l'été que par quelques lamas qui ne gardent avec eux que peu d'animaux; comme elle est assez chaude l'hiver et qu'il n'y tombe que peu de neige, les pasteurs mongols y amènent hiverner leurs troupeaux.

Les forêts de ces régions renferment une grande quantité de bouleaux; les Chinois et quelques Tarantchis passent une partie de la bonne saison dans ces forêts et préparent des roues de voiture en courbant de jeunes bouleaux.

Au commencement de l'hiver, ils emportent à Ouliaçoutaï les moyeux à demi préparés, les roues et les bois nécessaires à la construction des voitures (arabas) qui sont employées par les caravanes qui descendent au Sud vers Pékin.

Dans la vallée du Terki où je rencontre une série de volcans éteints et de cratères avec leurs cônes de déjection élevés de 50 à 60 mètres au-dessus du niveau de la vallée, je visite le lac Tzagan Nor près duquel a existé, d'après la légende, une ville, Kara Koroum, dont on ne retrouve que des restes douteux.

Dans la montagne, versant Nord de la vallée, au pied de laquelle séjournent les eaux du Tzagan Nor, une profonde crevasse s'est produite dans la masse rocheuse à la suite de soulèvements géologiques, et forme une grotte dans laquelle les Mongols prétendent que le dernier descendant régnant de la famille de Genghis Khan s'est réfugié après ses défaites et que, de là, il a gagné les régions occidentales, la Russie, d'où ils l'attendent comme un messie.

Le Khanine Gol pénètre dans la vallée du Terki par une gorge étroite et coule au fond d'un couloir profond de 20 à 25 mètres, dont les parois sont des laves, des scories et des déjections volcaniques.

Je descends au Sud gagner la vallée de l'Ourtoutamir et arrive à la véritable Kara Koroum que l'on désigne encore du nom de Kara Balgaçoun.

Dans le Keïtoutamir, les forêts ont de nouveau disparu, le froid sévit déjà et nous n'avons pour faire cuire nos aliments et nous chauffer que l'argale, dont l'odeur pénètre les aliments, nous pique les yeux tout en flattant désagréablement l'odorat.

En retrouvant les routes des caravanes, le temps qui jusqu'alors, quoique froid, avait été assez supportable, change brusquement.

Dans la journée du 28 octobre, nous rencontrons plusieurs caravanes de chameaux et de voitures; les conducteurs nous préviennent que la neige est déjà tombée abondamment du côté d'Ourga, que les rivières sont gelées et que nous n'aurons aucune difficulté pour le passage de l'Ourtoutamir, de l'Orkon et du Tola.

Vers le soir, dressant les tentes où je veux de nouveau abandonner la route pour pénétrer dans la vallée de l'Orkon par les montagnes, la neige tombe et a bientôt recouvert le sol d'une couche de plus de 15 centimètres. Nos chevaux et nos chameaux que nous avons laissés libres grattent la neige pour chercher leur nourriture.

Pendant la nuit, un vent violent s'élève et accumule la neige sur certains points; la tente de nos bagages est bientôt recouverte d'un véritable monticule de neige qui l'effondre, emprisonnant nos hommes qui y sont couchés.

Notre tente, plus résistante, est néanmoins envahie par la neige et c'est sous une couche de neige de plusieurs centimètres que le vent a chassée sous la tente, que nous nous éveillons le lendemain.

La température est très basse, le thermomètre marque 26 degrés; le vent balaye une poussière de neige très fine qui pénètre sous nos vêtements, nous glace et produit sur la peau une douleur analogue à celle causée par une brûlure. Il faut lier ses manches, s'entourer la tête et le cou avec des capuchons et ne laisser qu'une partie du visage à découvert.

Aller avec la caravane à travers les montagnes couvertes de neiges molles est une opération trop longue; je fais préparer plusieurs chevaux pour transporter les charges, instruments et provisions et abandonne la caravane qui suivra la route et qui nous attendra à un point indiqué.

Avec mes deux compagnons, les interprètes et un guide, je prends la route de l'Orkon.

La première journée, nous passons la vallée et les quatre bras de la rivière Ourtoutamir qui vient du Sud, puis nous pénétrons dans la chaîne de montagnes qui forme la limite Ouest du bassin de l'Orkon; le jour suivant, nous arrivons dans la vallée de l'Orkon.

Cette vallée est large; elle s'étend au Nord et au Sud entre deux chaînes de montagnes peu élevées, plutôt sortes de plateaux très étendus.

Au milieu de la vallée se silhouettent des points noirs qui se dessinent au fur et à mesure qu'on approche: c'est l'ancienne ville de Genghis Khan dont il ne reste que les murailles en ruines de la citadelle et une tour à demi démolie.

En approchant de la citadelle, le sol est assez irrégulièrement ondulé; l'emplacement des clôtures en terre et des maisons se manifeste par des fossés en partie comblés.

Les murailles de la citadelle, en terre battue, étaient très élevées et des fossés profonds l'entouraient.

Ces murailles, de forme carrée, sont parfaitement orientées ; chaque face correspond à chacun des points cardinaux ; celle du côté Est, qui a environ 400 pas, a été à peu près rasée et les débris ont comblé le fossé ; au Sud et au Nord, les talus sont encore très élevés et les fossés profonds ; à l'Ouest, la partie de la muraille attenante au côté Sud et près la porte principale a été en partie renversée.

A l'intérieur, près du côté Ouest, une grande tour ronde, construite en briques cuites, a été également démolie ; les matériaux de la partie supérieure ont comblé l'intérieur de la partie inférieure et forment au pied un véritable talus qui permet de gravir jusqu'au sommet de ce cône qui a encore 14 mètres de hauteur.

Dans les anfractuosités de la tour, de petits cônes en terre ornementée contenant les cendres d'ossements mongols y sont religieusement déposés par les partisans de la dynastie de Genghis Khan.

A 200 mètres environ de la face Sud, il existe les restes de six tourelles circulaires dont la hauteur devait être légèrement inférieure à celle des murailles de la citadelle.

Ces tourelles formaient le côté Nord d'une grande place dont l'étendue devait être égale à celle de la citadelle et au milieu de laquelle s'élevait un monument en granit.

Ce monument a été brisé par les conquérants mandjoux et les fragments gisent épars dans la plaine. En réunissant les diverses pièces, j'ai pu reconstituer la forme du monument, forme assez curieuse.

Sur les faces d'une sorte de colonne rectangulaire étaient gravées des inscriptions en chinois et en mongol que j'ai soigneusement relevées.

A 40 kilomètres au Sud de Kara Koroum ou Kara Balgaçoun, le couvent d'Erdin Zoun, l'un des plus réputés de la Mongolie, contient les anciennes statues et les trésors des pagodes et monastères construits par Genghis Khan.

Après la destruction des temples, les statues et les trésors religieux furent transportés en grande pompe au couvent, où l'on y conserve également un certain nombre d'objets ayant appartenu au grand conquérant mongol.

Les légendes racontées par les moines mongols attribuent à

Genghis Khan une valeur guerrière de premier ordre et le considèrent comme le plus grand capitaine du monde.

S'il a pu faire ses rapides et foudroyantes conquêtes, c'est grâce à son système d'organisation militaire, à la discipline qu'il avait établie dans ses armées et à la rapidité de ses mouvements de troupes.

Les armées de Genghis Khan étaient exclusivement composées de combattants; les blessés, les femmes, les enfants, les vieillards et tout ce qui accompagnait ordinairement une armée d'invasion étaient exclus et restaient dans les villes ou dans les régions soumises ou conquises.

Les troupes étaient divisées en corps d'armées ayant à leur tête des généraux, fidèles exécuteurs des volontés du conquérant.

Chaque armée se composait d'un certain nombre de régiments de cavalerie et d'infanterie, marchant toujours ensemble.

En cas d'urgence, de marche rapide ou d'attaque, chaque régiment de cavalerie portait en croupe un régiment d'infanterie, lesquels se dédoublaient à un moment donné et pouvaient agir ensemble ou séparément, suivant le cas.

Les armes pour les cavaliers ne comportaient que le sabre et la lance; les fantassins avaient l'arc et les flèches.

Après la conquête d'une région, les habitants devaient se soumettre et accepter franchement la domination mongole; à défaut, de véritables hécatombes humaines avaient lieu.

Genghis Khan exigeait la fidélité la plus absolue, grossissait son armée en y incorporant les nouveaux peuples conquis et en les encadrant dans ses vieux régiments; il faisait ainsi la boule de neige et marchait à de nouvelles conquêtes.

Cette tactique lui réussit si bien, qu'en peu de temps il eut conquis le plus vaste empire qui ait existé au monde.

Après avoir visité les ruines de la ville de Kara Koroum, relevé la position géographique, fait de nombreuses photographies de la capitale de Genghis Khan, je traverse les plateaux qui séparent l'Orkon proprement dit du Kouktaï Orkon et du Buki, en passant par le lac Ougeii Nor, près duquel se trouvent l'un des plus beaux monastères et une des plus élégantes lamazeries de la Mongolie.

Cette région est considérée comme la plus riche de toute la Mongolie; elle renferme les pâturages les plus gras et les meilleurs. Aussi les princes mongols dont quelques-uns prétendent être les descendants de Genghis Khan y ont-ils établi leurs nombreux troupeaux.

Pour retrouver la caravane, nous parcourons une distance de plus de 80 kilomètres; nous rencontrons dans chaque fond de vallée, chaque gorge abritée des vents du Nord, des yourtes et des milliers de chevaux.

Sur la route d'Ourga, dans les vallées du Berke, de Khodacine et du Tola, on rencontre de nombreuses ruines de villes, de palais ou de monastères construits par Genghis Khan.

La domination mandjoue a tout rasé, et ces régions, autrefois riches et peuplées, sont à peu près désertes.

Les ruines les plus importantes de la région, celles les mieux conservées se trouvent sur notre droite allant à Ourga, dans la vallée et près de la rivière Khodacine, au pied des montagnes de Salta. Les ruines des murailles sont en briques crues; les palais de l'intérieur occupaient un très vaste espace et étaient en pierre.

A l'Ouest de la ville, à une dizaine de mètres des fossés et en dehors, deux tours élevées servaient de points d'observation. Du sommet de ces tours, on découvrait toute la plaine.

Dans les environs, l'agriculture a été très prospère; on reconnaît d'anciens et nombreux travaux d'irrigation; quelques Mongols y ont fait des cultures récentes.

Le bassin de l'Eder et de la Selenga, que l'expédition parcourt depuis le passage du col Dzaguistaï, est un vaste plateau dont la hauteur moyenne varie entre 1,200 et 1,500 mètres; les montagnes forment des chaînes à peu près parallèles, peu élevées, à pentes très douces et d'un accès facile.

Cette disposition des côtes donne au sol un relief ondulé.

Depuis notre départ d'Ouliacoutaï, les récoltes botaniques ont été abandonnées, de même les collections zoologiques se sont peu augmentées, car, dans ces régions nues et désertes, il existe peu de mammifères et pas d'oiseaux; les corbeaux seuls, par bandes, se rencontrent partout.

Enfin, le 8 novembre, nous arrivons à Ourga où le meilleur et le plus cordial accueil nous est fait par M. Chichmareff, consul général russe et par son secrétaire, M. Loubat, consul, ayant accompli la première partie du voyage d'exploration.

Après avoir parcouru la Transcaspie, la Boukharie, exploré les environs de Samarkande, avoir recueilli d'intéressantes collections archéologiques, l'expédition avait quitté Samarkande le 11 mars 1895 et était restée huit mois en route.

Dans cet espace de temps, plus de 4,000 kilomètres avaient été parcourus sur les territoires des empires russe et chinois.

C'est par des routes tracées, par des chemins de caravanes ou même par des sentiers non indiqués et connus seulement des indigènes que nous avons accompli ce voyage.

Pendant le cours de la première partie de l'exploration, je me suis attaché à réunir le plus de documents géographiques capables d'augmenter nos connaissances sur les lieux visités ou de rectifier les points sur lesquels on n'avait que de vagues données.

J'ai réuni des collections de toutes sortes : zoologie, botanique, ethnographie, anthropologie; j'ai aussi réuni une collection d'échantillons géologiques qui permettra de tracer un essai de carte de la Dzoungarie et de la Mongolie septentrionale.

Les quelques jours que nous passons à Ourga sont employés à préparer les envois de collections; cinq caisses sont, par les soins de M. le Consul russe, expédiées à Pékin, à M. l'Ambassadeur de France qui a bien voulu se charger de les faire parvenir au Ministère de l'instruction publique.

Le nombre des caisses expédiées pendant le cours du voyage et arrivées à Paris s'élevait à vingt-trois.

D'Ourga nous gagnons Irkoutsk où nous devons hiverner.

DEUXIÈME PARTIE.

LA MONGOLIE ORIENTALE ET LA MANDJOURIE.

D'OURGA À VLADIVOSTOK.

Pendant notre séjour à Irkoutsk, je me suis occupé de réunir des renseignements sur la Mongolie orientale et la Mandjourie.

A l'état-major russe, M. le général Chabanoff a mis gracieusement à ma disposition les cartes et plans concernant les régions qui m'intéressaient et que je me proposais de visiter pendant l'année 1896.

Je me suis également occupé de recueillir le plus d'échantillons représentant la faune des mammifères et des oiseaux de la Sibérie orientale et des environs d'Irkoutsk et principalement du Baïkal. J'ai pu aussi me procurer de nombreuses collections d'insectes, surtout des lépidoptères et coléoptères, ainsi qu'une collection de poissons de l'Angara et du Baïkal.

Avant de quitter Irkoutsk, j'ai pu expédier au Ministère six nouvelles caisses de collections zoologiques et ethnographiques recueillies ou préparées pendant l'hivernage, m'entendre avec la Commission du musée d'Irkoutsk et participer à l'envoi d'une mission scientifique pour l'été 1896.

Sept autres caisses de collections expédiées d'Irkoutsk par la Société de géographie et Commission du musée sont le résultat de cette participation.

Le 7 avril 1896, nous quittons Irkoutsk et gagnons le Baïkal qui est encore emprisonné sous une épaisse couche de glace; c'est en traîneau que nous traversons les 40 kilomètres qui séparent les deux bords.

Par la route postale nous gagnons Kiakhta, ville par laquelle le thé de Chine apporté par les caravanes depuis Kalgan, à travers le Gobi et Ourga, pénètre en Sibérie et se répand dans toute la Russie.

Arrivé à Ourga, où j'étais précédé par notre guide Rakmed, j'essaye en vain d'organiser une caravane avec des chevaux et des voitures. Les commerçants chinois, qui ont eu vent d'une bonne aubaine et par lesquels il faut passer pour se procurer les chevaux de voitures, nous demandent trois ou quatre fois leur valeur.

Nous pouvons facilement acheter des chevaux de selle, mais ceux de trait sont introuvables ou d'un prix si exagéré, que j'ai recours à M. Chichmareff, consul général russe, qui, voyant notre embarras, nous trouve quelques chevaux et les dix voitures nécessaires.

Pendant ce temps, je fais acheter des chevaux assez jeunes et on s'occupe de les dresser à la voiture. Il nous faut près d'un mois pour organiser la caravane.

J'ai eu le loisir de recueillir, pendant ce temps, une grande quantité d'objets ethnographiques mongols.

Mme Loubat, femme du consul russe, avait bien voulu se charger de réunir les vêtements des femmes mongoles, les bijoux et une foule de menus objets qu'il m'aurait été difficile de me procurer.

M. Loubat avait obtenu d'un riche Mongol la cession d'une yourte ou tente en feutre avec tous ses accessoires.

Tous ces objets réunis forment encore un nouvel envoi de quatorze caisses que M. Chichmareff veut bien se charger de faire parvenir à M. l'Ambassadeur de France à Pékin.

La ville connue géographiquement sous le nom d'Ourga comprend trois villes :

1° Da-Koura, ville sainte bouddhique, succursale de Lahssa, qui n'est ouverte aux Européens que depuis environ trente ans.

Cette ville renferme de grands et magnifiques temples, dont l'un sert de résidence à une incarnation bouddhique, le Kontoukta envoyé tout enfant de Lahssa et qui est généralement appelé « Dieu vivant ».

Le Koutoukta actuel est un jeune homme de vingt-sept à vingt-huit ans, arrivé à Ourga il y a vingt ans.

Dès que les Russes se furent installés sur le territoire cédé à la Russie, ils se firent aimer des Mongols et leurs rapports avec les lamas sont toujours très cordiaux.

M. Chichmareff a offert au dieu vivant des jouets européens et un piano sur lequel le jeune Koutoukta s'est mis à tapoter et est devenu, paraît-il, assez bon musicien, sans aucune leçon.

Le jeune dieu, instruit par les grands lamas ayant appris que les peuples d'Occident faisaient de grandes et merveilleuses choses, voulut les connaître.

M. Chichmareff, pour lui être agréable, lui fit sa photographie, ce qui l'émerveilla beaucoup : il voulut, lui aussi, être photographe.

Le consul lui offrit alors un appareil photographique et tout ce qui est nécessaire.

La bicyclette l'ayant tenté, M. le consul général lui en offrit une et le jeune dieu se mit à pédaler dans son temple, au grand scandale des lamas.

Devant la volonté expresse du Koutoukta qui est considérée par les grands lamas comme une volonté divine, le premier moment d'effarement fit place à l'enthousiasme et aujourd'hui les grands lamas sont les premiers à venir demander au consul les nouveautés scientifiques du monde européen.

2° La ville russe, ou Ourga, comprend le territoire cédé à la Russie, sur lequel s'élèvent le consulat, la poste et quelques magasins de commerçants russes.

Des marchands russes se sont aussi établis dans la ville mongole qui est bâtie à côté de celle des lamas : les Chinois y ont également établi leurs comptoirs.

Enfin, à 5 kilomètres, la ville chinoise Maïmachen, dépôt commercial des Chinois.

Cette ville est la résidence du gouverneur chinois et des troupes militaires : elle est fortifiée et entourée de murailles crénelées ; ses portes se ferment au coucher du soleil et s'ouvrent le matin.

Le 9 mai, bien que les pâturages ne soient pas encore poussés et que la saison soit encore très froide, nous quittons Ourga, emportant tous les souhaits de réussite du consulat et une profonde gratitude pour l'aimable et franche hospitalité qui nous y avait été offerte.

Les autorités chinoises d'Ourga, qui nous avaient très bien reçus en novembre dernier et qui nous avaient fourni le transport par relais de poste, nous facilitent notre voyage d'exploration en Mongolie orientale.

J'avais d'ailleurs eu le soin de prier M. Gréard, notre Ministre de France à Pékin, de solliciter du Zoung-li-Yamen un passeport pour traverser la Mongolie orientale et la Mandjourie.

Un guide mongol très expérimenté, qui avait fait plusieurs fois le voyage d'Ourga à Khaïlar par des routes différentes, est aussitôt mis à notre disposition et un express est envoyé en avant pour prévenir les autorités locales, les chefs de village et des lamazeries du passage d'une mission française.

En pénétrant sur le territoire de chaque village, le chef doit me fournir un guide spécial qui me donnera tous les renseignements qui me seront nécessaires et se chargera de nous procurer les moutons et les vivres.

En cas d'urgence et de nécessité, on doit mettre à ma disposition les chevaux nécessaires au transport de nos bagages et du personnel de l'expédition.

Pour gagner la vallée du Keroulen que je veux suivre jusqu'au Dalaï Nor, j'abandonne le Tola et pénètre dans les plateaux montagneux qui séparent les vallées supérieures des deux rivières.

Les vents d'Ouest qui, généralement, soufflent en avril, au commencement du dégel, sont très forts cette année et d'une persistance extraordinaire; le froid continue, il nous faut emporter du foin pour nourrir nos animaux.

Heureusement nous passons à proximité de quelques villages bouriates où nous pouvons renouveler nos provisions pour quelques jours.

Le huitième jour de marche, nous atteignons le Keroulen (1,360 mètres); il y fait plus chaud que dans les montagnes, l'herbe commence à pousser.

Les premiers jours, la marche était lente et difficile, car tous les chevaux n'étaient pas habitués à la voiture; maintenant tout va bien, nous pouvons nous occuper tranquillement de nos travaux.

Sur les cartes, les routes de caravanes sont tracées un peu au hasard; aussi, comme les renseignements qui m'avaient été fournis à Irkoutsk et même à Ourga, par M. le Consul, concluaient à la connaissance très imparfaite de la région, je m'applique à faire un relevé complet de la route que nous suivons.

C'est donc un itinéraire nouveau que je relève avec tous les détails géographiques, comme si la carte n'existait pas; en effet, si je la compare avec mes premières journées de relevés de marche, je constate de très grandes différences.

Au lieu de suivre le Keroulen qui fait un énorme détour au Sud, je prends à travers les plateaux du Nord afin de retrouver la vallée plus à l'Est.

Les marécages de Chari que nous rencontrons sont encore gelés et présentent un passage assez sûr, mais, dans un mois, les Mongols allant ou venant des grandes lamazeries du Keroulen inférieur suivront la vallée de la rivière ou gagneront la route de Pékin au Sud pour se rendre ou d'un côté ou de l'autre.

Les glaces de ces marais en se gelant modifient complètement l'aspect du sol.

L'été, une épaisse couche de tourbe et de terre flotte en grande partie sur les eaux du marécage qui présente une surface assez irrégulière et qui se modifie tous les ans.

L'hiver, la partie supérieure des eaux emprisonnées dans la tourbe commence à se geler, mais il existe des courants à la partie inférieure qui, en se gelant à leur tour, soulèvent la croûte, brisent la couche de glace et de tourbe et forment une série de monticules de glace dont la hauteur au-dessus du niveau ordinaire du marécage atteint 5 à 6 et même quelquefois 8 mètres.

Ces soulèvements au moment du dégel glissant souvent les uns sur les autres forment de véritables montagnes de glace et modifient ainsi chaque année l'aspect géographique du marécage, et comme la couche de tourbe ainsi brisée est très irrégulière, le passage de ces marécages est non seulement impraticable, mais très dangereux.

Le sixième jour, après avoir abandonné le cours supérieur du Keroulen, j'arrive à Tsetsen Khana (1,125 mètres), dans la vallée et sur les bords du Keroulen que nous suivons jusqu'au Dalaï Nor.

Tsetsen Khana est la résidence d'un prince mongol qui administre ses concitoyens du Keroulen et qui dépend de l'Ambo-Mongol d'Ourga; un dalaï lama y habite également.

La ville renferme deux grands temples et une école; elle se compose d'environ cinquante yourtes ou tentes disposées sur deux rangées parallèles, de quelques petites maisonnettes où vivent les lamas et des jeunes gens qui se destinent aux ordres lamaïques.

Au Nord des temples et du palais du dalaï lama, les deux rangées de tentes sont orientées de l'Est à l'Ouest. La première rangée près des temples est occupée par les lamas prédicateurs et les lamas serviteurs, la deuxième est habitée par les élèves.

Sur une grande place, à l'Est des temples, une haute plate-forme établie entre quatre mâts plantés en terre, avec une échelle pour parvenir au sommet, sert de chaire, d'où un lama fait entendre la sainte parole aux lamas et aux peuples accourus à chaque fête.

C'est aussi sur cette plate-forme que certains grands lamas vont faire leurs prières.

Les lamazeries du Keroulen sont nombreuses et ont toutes une fête spéciale à une date différente, de façon que les élèves de chaque couvent puissent assister à la plupart des fêtes et compléter ainsi par des enseignements divers leur éducation religieuse.

La caravane suit la rive gauche du Keroulen dont les bords présentent à chaque pas des marécages quelquefois assez étendus, peuplés d'une quantité innombrable d'oiseaux de toutes espèces; les palmipèdes et les échassiers surtout y abondent; nos chasseurs rapportent chaque jour de nombreuses espèces qui enrichissent nos collections zoologiques.

La végétation est partout en pleine activité; tous les jours, d'abondantes moissons grossissent nos herbiers.

Notre marche en caravane commence vers 6 ou 7 heures du matin et se continue jusqu'à 2 ou 3 heures du soir; nous nous arrêtons là où nous rencontrons les meilleurs pâturages et toujours aux bords de la rivière, ce qui permet de pêcher et de récolter fréquemment quelques nouvelles espèces de poissons.

Le campement dressé, chacun s'occupe de ses travaux : tracé de l'itinéraire suivi pendant la journée, préparation des oiseaux, des plantes ou des chasses d'insectes de toutes sortes, etc.

Nous rencontrons successivement des villages et des lamazeries habités par des Mongols khalkhas, solons, tchipitchines et par des lamas.

Tsitsibesen Ourgo, village bâti dans une sorte de cirque formé par les montagnes des deux rives, qui se réunissent en un défilé étroit par où s'écoule la rivière.

A partir de ce point, la vallée devient plus large et le nombre des troupeaux augmente; çà et là, on aperçoit des groupes de yourtes entourés de troupeaux de moutons, de bœufs et de chevaux.

Daïtzindzasik, habité seulement par des lamas, renferme un temple entouré de quelques yourtes, bâti sur un petit monticule et s'aperçoit de très loin, puis la lamazerie des Vanguen Koure et l'Aoul de Dalten Sourène.

A Gouden Sourène, la vallée semble se fermer par le rapprochement des chaînes de montagnes de la rive droite et le mont Batkhan de la rive gauche que nous escaladons pour retrouver en arrière un plus bel épanouissement de la vallée et dans laquelle on rencontre Batrdjonondzasik.

En approchant du lac Dourné Nor, je visite les ruines de l'ancienne grande ville de Barskhota, dont il ne reste que les murailles formant talus, deux tours élevées en ruines, construites en pierres et en briques cuites, l'une au centre de la ville, l'autre à l'Est, à 400 pas des murailles et de la porte orientale.

La ville, de forme carrée, occupait un espace considérable; chaque côté avait un peu plus de 2 kilomètres: les murailles assez hautes étaient entourées d'un large et profond fossé.

A chacun des quatre angles de la ville existait une tour élevée et au milieu, de chaque côté, une porte avec deux tourelles.

A 50 mètres au Sud de la tour centrale, bâtie à l'intersection des diagonales du carré de la ville, on voit les restes d'un bâtiment construit en pierres et briques ayant 60 mètres de côté. Sur la face orientale devait exister une profonde cavité également carrée, peut-être une citerne, car les parois sont garnies d'épaisses murailles qui maintiennent le sol. Les éboulis du monument ont, en partie, comblé cette sorte de citerne qui a encore à certains points 5 et 6 mètres de profondeur.

Sur la rive droite, le monastère de Baïnirktintok, dont la réputation s'étend au loin, est bâti au sommet d'une montagne en face des ruines de Barskhota.

D'après la légende, on conserverait dans ce couvent le parasol de Genghis Khan.

Le lac Dourné Nor (906 mètres) est alimenté par de nombreuses infiltrations qui se produisent aux pieds des plateaux qui bordent le Nord du lac et fournit un assez grand volume d'eau au Keroulen.

Après avoir passé Ourlanghirghine, les hobos que l'on rencontre à chaque sommet de montagne, aux cols et aux passages sur les routes et qui consistent en un tas de pierres, de brindilles de bois, apportés par les Mongols, deviennent plus nombreux et ont l'aspect de véritables monuments.

Celui qui se trouve à l'entrée de Ourlanghirghine marque l'entrée de la terre sainte où réside une incarnation distincte de celle d'Ourga.

Le dieu vivant mongol de Tsébès Ourgo est reconnu par l'assemblée des grands lamas du Keroulen, tandis que le Koutoukta d'Ourga est thibétain et envoyé de Lahssa par le dalaï lama qui, par suite de révélations, retrouve l'âme du Koutoukta défunt incarnée dans le corps d'un des jeunes enfants élevés dans un quartier spécial du temple sacré de Lahssa.

Autour d'un hobo principal sont disposés, dans le sens de l'orientation Est-Ouest et Nord-Sud, six petits hobos distants de deux pas et surmontés de branches de saule, puis, à cinq pas plus loin dans la même direction, un autre hobo plus grand forme la tête de chaque branche à égale distance de ces extrémités; quatre autres hobos composent un octogone régulier.

Tsébès Ourgo est la ville des dix temples dont la magnificence rappelle ceux d'Ourga; un de ces temples sert de résidence au dieu vivant mongol pendant les grandes fêtes du nouvel an.

Une grande école de lamas réunit tous les jeunes étudiants du Keroulen et de la Mongolie orientale; elle est spécialement affectée aux Tchipitchines et aux Solons.

Deux grandes avenues bordées de deux rangées de pierres et de hobos isolés conduisent au temple du dieu vivant : l'une vient du Sud et commence au gué de la rivière, l'autre vient de l'Orient.

C'est par cette dernière que le Gueguen arrive d'abord, gagne l'île sainte, puis remonte l'avenue Sud pour gagner son palais.

Sur la rive droite de la rivière, la ville de Keroulen est une sorte de bazar où les Chinois ont établi un marché.

C'est un centre important de ravitaillement pour les caravanes et les habitants du Keroulen.

Delchin Gueguen est la résidence de certains grands lamas et à Ilgoucen Gueguen vit le dieu vivant dans un temple magnifique; il n'en sort que les jours de fête, transporté dans une voiture à quatre roues, sorte de carrosse massif traîné par les grands lamas à cheval.

A deux cents pas au Nord du palais du dieu vivant, un hobo de forme spéciale limite et protège la ville.

Ce hobo consiste en un ouvrage massif carré en pierres maçonnées et formant trois gradins; il emprisonne un mât très élevé; à cinq pas des quatre faces, un autre petit hobo carré en maçonnerie avec un seul gradin; à l'Orient et à l'Occident, une série de treize petits monuments cubiques plus petits et disposés de façon à former un grand arc qui entoure la plus grande partie de la ville.

L'expédition traverse les villages de Koutchoud Botsa, Manabéné Sourène et, à Ourbène-Baïne-Souré, abandonne la rivière qui fait un grand détour au Sud et traverse le plateau qui sert de limite aux Mongols solons et aux mongols tchipitchines.

La traversée de ces plateaux dure cinq jours et nous nous retrouvons sur les bords du Keroulen où nous rencontrons les lamazeries de Charmoūkou Soumon et de Soumbao.

Le lac Dalaï Nor est devant nous, nous l'apercevons à l'horizon; il est bordé à l'Ouest par une chaîne de montagnes élevées et, au Sud, à l'Est et au Nord, il s'étend au milieu de marécages inhabitables, dont la profondeur atteint dix kilomètres et au milieu desquels serpente le Keroulen.

La rivière Ourtchon qui vient du Sud et qui apporte ses eaux au Dalaï Nor est très profonde.

Des lamas établis au bord de cette rivière aident au passage des caravanes en se servant de deux troncs d'arbres creusés qu'ils accouplent pour le passage des voitures.

Nous passons la rivière à 705 mètres d'altitude; c'est le point le moins élevé que nous ayons rencontré.

Le niveau du sol remonte aussitôt et forme des plateaux secs sur lesquels on trouve les lacs salés : Bourdou Nor, Kourgouldjo, Kandjar Nor.

Les pâturages sont néanmoins excellents et nombreux. Les solons établis dans la montagne de Nagantin Boulderon élèvent des moutons et des chevaux qu'ils vendent aux commerçants russes qui viennent jusqu'à Kaïlar.

Kaïlar est la première ville mandjoue du versant oriental des Khinghans.

La ville commerciale est entourée de murailles; c'est l'ancienne citadelle abandonnée et démantelée, bâtie au bord d'un bras de la rivière Eman.

La résidence des autorités chinoises se trouve au milieu de la steppe, dans un palais en bois dont la forme rappelle une pagode.

Les Chinois commerçants ont créé un village où ils vivent en famille, à 3 kilomètres de la ville et où ils se sont construits de fort belles petites villas.

A Kaïlar, dépendance du gouvernement de Tsitsikar, les autorités mandjoues me donnent comme guide un noble officier mongol attaché à l'administration et qui m'accompagne jusqu'à la capitale de la Mandjourie.

En quittant Kaïlar, les plateaux s'élèvent lentement; nous remontons la vallée du Kaïlar par un des bras, le Djatan Gol, dont les bords sont boisés, qui nous conduit au sommet des Khinghans. Au fur et à mesure que l'on s'élève, les grandes steppes herbeuses disparaissent, les montagnes se couvrent de forêts de mélèzes, de sapins, de bouleaux, de chênes, etc. Des taons, différentes espèces de moustiques, des mouches tsetsé deviennent si nombreux, qu'ils forment un véritable nuage au milieu duquel marche la caravane; les chevaux sont saignés par ces insectes; les hommes, pour éviter leurs piqûres, sont obligés de se défendre.

Les animaux ainsi persécutés dépérissent à vue d'œil; libres, ils peuvent encore se défendre, mais, attelés, ils sont bientôt couverts de sang.

Comme le temps est très clair la nuit et que la lune nous favorise, je voyage une partie de la nuit, le soir ou le matin, de façon à donner aux animaux le temps de manger le reste de la nuit et de se reposer le jour.

Dans la journée, il nous faut faire des feux d'herbes donnant une fumée très épaisse garantissant les hommes et les animaux des atteintes de ces désagréables insectes.

Nous arrivons ainsi, en remontant le Djatan Gol, jusqu'au sommet des Khinghans où la pagode de Guésérin Soumon occupe la plus grande partie du col (1,160 mètres).

La pente du versant oriental des Khinghans est beaucoup plus rapide que l'occidentale; les vallées sont plus profondes, plus nombreuses et plus étroites.

Le versant oriental plus humide est beaucoup plus boisé: au fond de chaque vallée, un ruisseau assez important coule au milieu de marécages où des dépôts d'humus rendent ces vallées si fertiles,

que les herbes atteignent des proportions si grandes, qu'un homme
à cheval disparaît dans ces herbes.

Nous suivons d'abord la vallée du Ial que nous abandonnons à
sa jonction avec le Bari à 583 mètres d'altitude, pour escalader
une arête de 866 mètres qui la sépare du Khni, rivière qui coule
au Sud, séparée également par une chaîne de montagnes plus
basses et parallèles à l'arête principale des Khinghans.

Une troisième chaîne, plus basse encore et assez rapprochée,
sépare encore le Khni de l'Aloun sur lequel nous débouchons.

Son altitude n'est plus que de 475 mètres; nous la descendons
sur la rive gauche. Les bois deviennent plus rares, les steppes
recommencent, les mouches disparaissent petit à petit.

A 10 kilomètres de Koukour, avant le passage de l'Aloun, je rencontre une muraille en terre venant de l'Est, qui traverse la vallée
et se perd dans les montagnes des Khinghans. La route coupe le
rempart et passe à côté d'une forteresse dont les murs sont encore
plus élevés. Au Nord, c'est-à-dire à l'extérieur, un fossé profond
longe cette muraille qui se continue à l'Est vers le Nonni, muraille que j'ai retrouvée plus tard pendant mon voyage vers l'Amour,
entre Tsitsikar et Merguen.

Cette muraille va en ligne droite, traverse les vallées, coupe
les montagnes, et, de distance en distance, des forteresses font
saillies en dehors.

Des traces de constructions sont encore visibles; elles devaient
être les habitations des troupes chargées de la garde de ces murailles frontières.

A partir de Koukou, la plaine est habitée et bien cultivée :
d'immenses champs de blé, d'orge, d'avoine, de pois; partout la
laborieuse population mandjoue se livre à l'agriculture; les deux
villages les plus importants sont Khonji et Chiti.

De tous côtés on voit de nombreux hameaux et une grande
quantité de maisons disséminées.

Depuis notre entrée dans les Khinghans, les Mongols ont entièrement disparu et avec eux la tente en feutre qui est remplacée
par des constructions en bois et en terre et recouvertes en chaume;
les ouvertures sont des sortes de fenêtres à châssis cloisonnés, recouverts de papier collé et tendu.

Le 11 juillet, la caravane arrive à Tsitsikar.

De l'extérieur, la ville paraît une simple muraille, derrière laquelle émergent quelques toits de monuments et les deux mâts traditionnels placés à l'entrée de la maison de chaque fonctionnaire ou dignitaire chinois.

Le Djendjune de Tsitsikar nous fait entrer dans la ville et nous donne un coin d'une hôtellerie chinoise et un poste de police qui est chargé de nous faciliter nos recherches dans la ville.

Tsitsikar est une ville de 30,000 habitants. La masse des Chinois qui n'a jamais vu d'Européens se presse et encombre l'entrée de l'hôtel; on ne peut sortir sans être escorté; quelques malfaisants nous jettent des ordures, mais ils sont vite mis à la raison à coups de matraque par les policiers.

Tsitsikar est une ville commerciale très importante : c'est le grand marché du Nord de la Mandjourie, en même temps qu'une des places militaires les plus importantes de la région.

Tous les ans, au mois de juin, une foire attire des milliers de Mandjoux ; c'est à cette époque que les Aratchones des Khinghans, les Goldes et les Gibiaks, peuplades presque indépendantes, payent aux Chinois un tribut qui s'élève à 15,000 peaux de martes.

Le Djendjune, auquel nous rendons visite, est un officier supérieur chinois très instruit; il s'intéresse à notre voyage d'exploration, et lui ayant fait connaître l'itinéraire que je me proposais de suivre pour gagner Vladivostok par Sansin, il me fournit d'utiles renseignements sur la région, en ce moment inondée et complètement impraticable.

Deux routes sont seules possibles à cette époque : celle du Sud, par Ghirin, et celle de l'Amour, par Merguen et Aïgoun.

En passant par Ghirin, il me serait difficile de visiter la région de l'Amour avant l'hiver; aussi je n'hésite pas un instant à prendre la route de Blagoveschensk.

Un piquet de soldats cosaques chinois, commandé par un jeune officier, nous accompagne sur la route de Merguen.

Le passage des Khinghans a fatigué nos chevaux, et malgré quatre jours de repos ils dépérissent toujours.

La Nonni, que nous remontons, est navigable pour des bateaux calant trois et même quatre pieds; la rivière est sillonnée de jonques qui remontent jusqu'à Merguen et la descendent jusqu'à sa confluence avec la Sungarie, qui est navigable pour de plus grands bateaux.

Les villages chinois sont nombreux et augmentent tous les jours, car les terres agricoles sont fertiles et l'immigration chinoise s'accroît, favorisée par le gouvernement.

D'autre part, les exploitations minières de la Sibérie attirent des travailleurs, et beaucoup se livrent à l'agriculture, certains d'écouler leurs produits.

A peine avons-nous quitté Tsitsikar, que les routes sont encombrées de cadavres de chevaux morts de la peste d'été, plaie de la Sibérie.

Les pâturages sont maigres, et les mauvaises herbes sont si nombreuses, que beaucoup de chevaux meurent également empoisonnés par les plantes vénéneuses.

Nous arrivons avec peine à Merguen ; nos chevaux ne peuvent plus marcher ; nous sommes obligés de faire la plus grande partie de la route à pied, tenant nos animaux par la bride.

Plusieurs tombent en route, et si nous ne nous hâtons pas, nous risquons de les perdre tous.

Merguen est une grande ville militaire près de laquelle quatre grandes casernes-forteresses ont été récemment construites.

Des troupes de cavalerie et d'artillerie occupent les deux plus nouvelles, tandis que l'infanterie est logée dans les deux plus anciennes.

J'obtiens du Daotaï l'autorisation de me servir des chevaux de la poste chinoise. C'est de cette façon que je peux arriver à Aïgoun d'abord, puis à Sakaline, village chinois bâti en face de Blagoveschensk, sur la rive droite de l'Amour.

A Blagoveschensk, je retrouve cette cordiale hospitalité russe qui nous avait été si gracieusement et si spontanément offerte au Turkestan.

Le gouverneur, M. le général Arsenieff, me donne les moyens de me débarrasser rapidement de nos chevaux et de nos voitures et me facilite une exploration dans la Zea jusque sur la rivière Depp, où je visite des dépôts importants de charbon et d'où je rapporte une collection de plantes fossiles.

Les pluies se succèdent sans interruption ; l'Amour est inondé depuis le printemps.

En descendant le fleuve jusqu'à Khabarovka, les villages riverains sont inondés, et de l'embouchure de la Dzoungarie jusqu'à celle de l'Oussouri, la vallée de l'Amour est entièrement sous l'eau.

M. Chaffanjon.　　　　　　　　　　　　4

Les habitants ont abandonné leurs maisons et se sont retirés dans les villes ou dans les montagnes.

Les Gibiaks, les Goldes, populations ichtiophages des rives, ont abandonné le pays.

A Khabarovka, le général gouverneur Doukowskoy, sincère ami de la France, désirerait voir nos nationaux s'établir dans la région qui est envahie par les commerçants allemands; il souhaiterait que le Gouvernement français établisse un consulat à Vladivostok, car la ville prend de jour en jour plus d'importance.

C'est d'ailleurs un port militaire et marchand de premier ordre, qui commande la Sibérie orientale et sera, à l'ouverture du transsibérien, un des ports les plus considérables de l'Extrême-Orient.

Le consul de Vladivostok pourrait faire connaître à ses compatriotes les innombrables ressources que renferme la Sibérie orientale.

Aux environs de Khabarovka, je peux visiter et étudier les Goldes, desquels j'obtiens une belle collection d'objets ethnographiques : vêtements en peau de poissons, bijoux, ornements, ustensiles divers.

L'inondation ne me permettant pas de me risquer du côté de l'île Sakaline, que je désirais explorer mais où je risquais d'être bloqué par les glaces, je prends la route de l'Oussouri et je gagne Vladivostok où se termine la mission scientifique qui avait duré juste deux années.

Cette deuxième partie de la mission a donné des résultats très importants.

Résumant les travaux de toute l'expédition depuis la Transcaspie jusqu'aux provinces de l'Amour, par le Turkestan, la Mongolie, la Mandjourie et la Sibérie orientale, nous avons obtenu les résultats suivants :

RÉSULTATS SCIENTIFIQUES.

GÉOGRAPHIE.

1° Relevé d'un itinéraire de Taschkent à Kouldja et de Kouldja à Ourga, par l'Altaï-Kobdo-Ouliaçoutaï, environ 4,000 kilomètres.

Sur cet itinéraire, environ 400 kilomètres nouveaux ou rectifications de la carte de l'état-major russe.

2° Relevé d'un itinéraire nouveau en Mongolie orientale, de Ourga à Blagovescheusk, par le Keroulen, les Kingbans et la Nonni (1,800 kilomètres environ).

3° Pour établir la carte, soixante-six cercles d'orographe Schrader.

4° Quatre-vingt-six séries d'observations astronomiques pour les calculs de positions géographiques (Mongolie septentrionale).

5° Trente-huit séries d'observations pour calculs géographiques (Mongolie orientale et Mandjourie).

6° Autant d'observations sur la déclinaison magnétique.

ARCHÉOLOGIE.

1° Des fouilles faites à Merv-Peikent-Aprociab, j'ai rapporté des collections de céramiques artistiques naturelles ou émaillées (Musée Guimet), poteries, objets en bronze, etc.

2° Observations et études sur les kamiens-babas trouvés à Aoulié-Ata, Merke et Wui-tal sur Issik-Koul, et une autre dans l'Altaï, au bord du lac Daïn Gol.

3° Observations sur les ruines de Kara Koroum.

4° De Pichpeck : vingt crânes de chrétiens nestoriens et autant de pierres tumulaires trouvés dans les fouilles faites par M. Pantonsoff, et qui sont envoyés au Ministère par M. Gourdet, ingénieur à Viernoïe, pour nos musées nationaux.

5° Observations sur les cimetières turcs ou tombes à forme spéciale en Mongolie septentrionale et dans les plateaux de Keroulen, de la vallée de Khaïlar, dans les Kinghans.

ANTHROPOLOGIE.

Collection de crânes mongols et bouriates recueillis à Ourga et dans les plateaux du Tolo et du Keroulen.

ETHNOGRAPHIE.

Études sur les familles mongoles vivant aux environs de Kobdo et qui se trouvent réunies dans le gouvernement de Kobdo et le bassin d'Oubçanor : Ourankaïtes, Torgoutes ou Torgooutes, Olliètes, Tzakatzines, Taratzines, Minghites, Dourbètes, Baïthes, Soïotes, Ourankaïtes de Ienisséi et Khalkhas.

Outre ces populations réunies aux environs de Kobdo, j'ai vu d'autres Mongols pendant le cours du voyage : Tchipitchines, Solons, Bouriates, les Kirghiz de race mongole du Turkestan russe, ainsi que les Tatares, les Tarantchis, les Doungans, etc.

Collections de pièces ethnographiques, instruments agricoles, vêtements, habitations, boukhariens et sartes.

Collections de vêtements d'hommes et de femmes mongols, ustensiles, bijoux en usage, et une tente ou yourte en feutre.

Divers vêtements, ustensiles et bijoux des Goldes des rives de l'Amour.

ZOOLOGIE.

Collections zoologiques comprenant :

1° Quatre crânes du cheval sauvage : deux jeunes, deux adultes, ainsi qu'une grande partie du squelette;

2° Plus de cent cinquante mammifères divers en peaux;

3° Une collection d'oiseaux recueillis pendant l'expédition, plus de huit cents;

4° Collections de Coléoptères, Lépidoptères, Hémiptères, etc.;

5° Collection de poissons des rivières de la Mongolie et du Baïkal ;

6° Collection de crustacés, etc.

BOTANIQUE.

Plus de dix mille échantillons forment un herbier des régions traversées, comptant près de deux mille espèces.

GÉOLOGIE ET MINÉRALOGIE.

Collections des roches qui se trouvent sur l'itinéraire suivi et qui permettra l'établissement d'une carte géologique de la Mongolie et de la Mandjourie.

Collection de plantes fossiles, dépôts de charbons jurassiques de l'Amour.

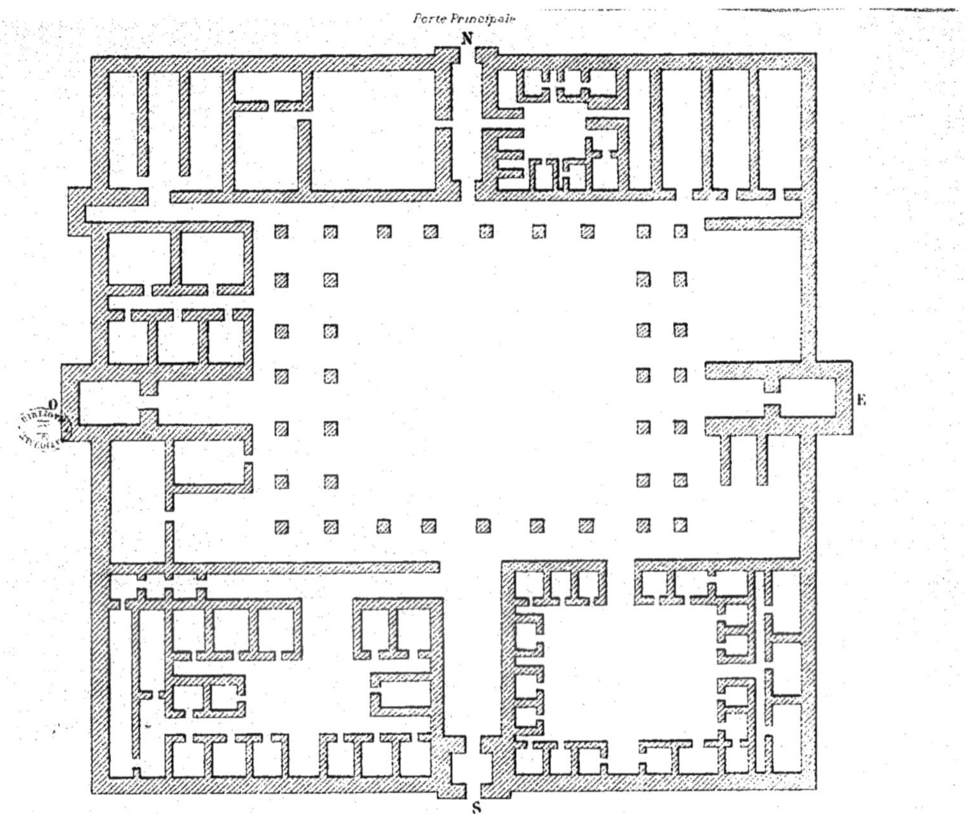

PLAN DES RUINES DU PALAIS D'AKRETACHE
PRÈS AOULIÉ ATA (TURKESTAN RUSSE)

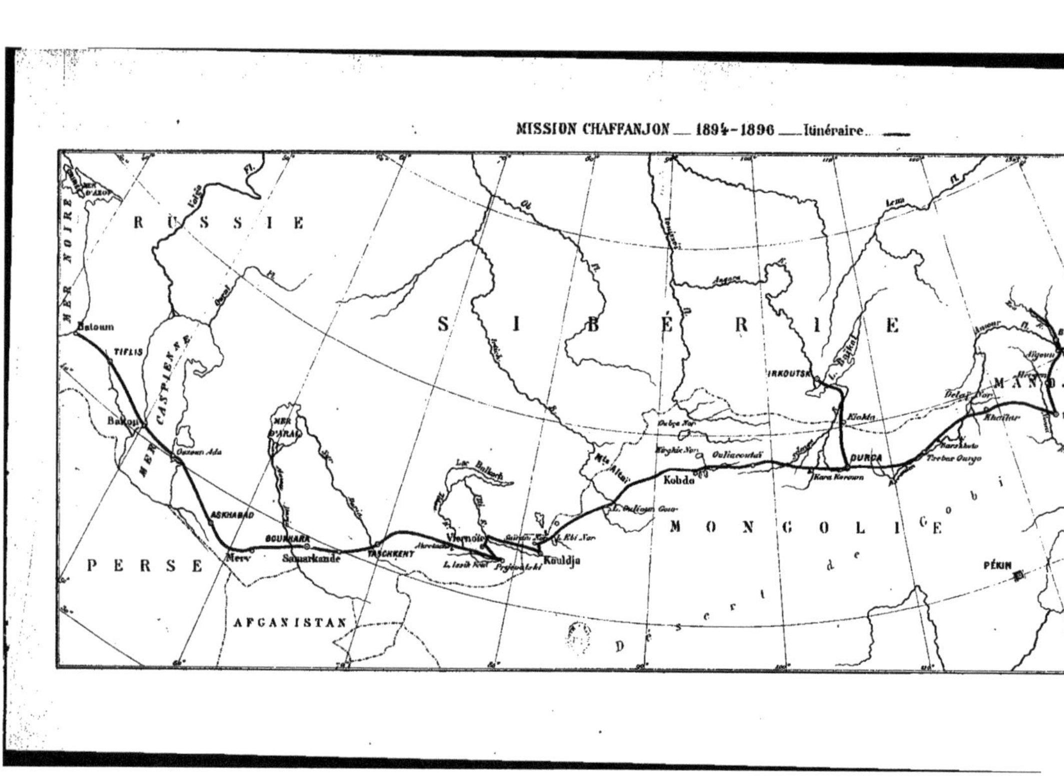

MISSION CHAFFANJON — 1894-1896 — Itinéraire
MER NOIRE
MER D'AZOF
RUSSIE
SIBÉRIE
MONGOLIE
PERSE
AFGANISTAN
MER CASPIENNE
MER D'ARAL
Lac Balkach
Batoum
TIFLIS
Bakou
Gazoun Ada
ASKHABAD
BOUKHARA
Merv
Samarkande
TASCHKENT
Viernoïé
Kouldja
Prjevalski
L. Issik Koul
IRKOUTSK
Kiakhta
Kobdo
DURDA
Kara Koroum
PÉKIN
Désert de Gobi

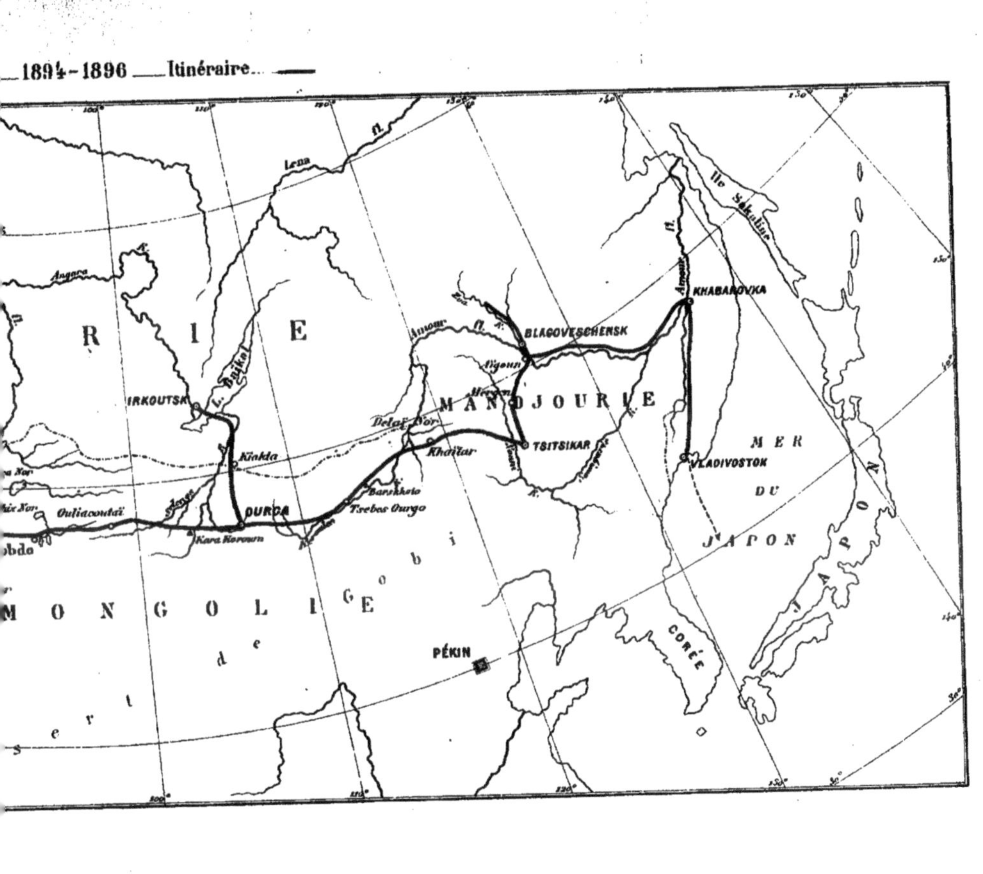

1894-1896 — Itinéraire. —
Angara
Lena
fl.
Ile Sakhaline
R   I   E
IRKOUTSK
L. Baïkal
Amour
fl. R.
BLAGOVESCHENSK
Aïgoun
KHABAROVKA
Amour fl.
MANDJOURIE
Delaï Nor
Khaïlar
TSITSIKAR
MER
DU
JAPON
VLADIVOSTOK
Kiakda
URGA
Barakhto
Tsebos Ourgo
Kara Koroum
Ouliacoutaï
ix Nor
bda
M O N G O L I E
G o b i
d e
s   e   r   t
PÉKIN
CORÉE
JAPON

www.ingramcontent.com/pod-product-compliance
Ingram Content Group UK Ltd.
Pitfield, Milton Keynes, MK11 3LW, UK
UKHW021005220726
13924UKWH00002B/905